레전드
여행
일본어

레전드
여행 일본어

초판 1쇄 발행 2018년 10월 30일
초판 1쇄 인쇄 2018년 10월 20일

지은이   김수열 · **랭**귀지**북**스 콘텐츠개발팀
기획   김은경
편집   이지영
디자인   IndigoBlue
성우   扶(たすく)
녹음   브릿지코드

발행인   조경아
발행처   **랭**귀지**북**스
주소   서울시 마포구 포은로2나길 31 벨라비스타 208호
전화   02.406.0047   **팩스**   02.406.0042
홈페이지 www.languagebooks.co.kr
이메일   languagebooks@hanmail.net
등록번호 101-90-85278   **등록일자** 2008년 7월 10일

ISBN   979-11-5635-086-6 (13730)
값   11,000원
ⓒLanguageBooks, 2018

남들은 너무 쉽게 가는 일본, 가보고 싶지 않으세요?

지르자!

일본은 거리가 짧고 항공 노선도 많아서, 여행 날짜만 잘 잡으면 10만 원대의 적은 부담으로 갈 수 있는 여행지입니다. 그래서 '나의 첫 해외여행은 일본이었다'라고 말하는 사람들이 많습니다. 그래도 망설여진다면 항공권부터 결제하세요. 여행은 그렇게 시작하는 거니까요.

떠나자!

교통, 숙소, 예산, 준비물 등 여행 일정이 슬슬 고민되기 시작하면서, '괜히 일본에 간다고 했나?'라는 생각까지 듭니다. 이럴 때는 걱정을 버리고 일단 비행기를 타세요! 무작정 가서 부딪히며 생기는 일들도 나의 즐거운 여행 에피소드가 되니까요.

말하자!

일본에 막상 와보니, '너무 준비 없이 왔나?'라는 후회가 듭니다. 절실한 일본어 한마디를 못 해서 아쉬워하지 말고, 〈레전드 여행 일본어〉를 준비하세요! 일본어를 전혀 몰라도 볼 수 있는 이 책과 함께, 말하고 듣는 생생한 일본 여행을 하세요.

나의 일본 여행 인생샷, 〈레전드 여행 일본어〉와 함께 하세요!

랭귀지**북**스 콘텐츠개발팀

こんにちは。
콘니치와.

---

18 기차 MP3. 18

신칸센 표를 구입하려고 하는데요.
新幹線のチケットをお願いします。
신칸셍노 치켇또오 오네가이시마스.

다음 기차의 출발은 몇 시인가요?
次の列車の出発は何時ですか。
츠기노 렛샤노 슙빠쯔와 난지데스까?

운임표 있어요?
運賃表ありますか。
운친효- 아리마스까?

시간표 있어요?
時刻表ありますか。
지코쿠효- 아리마스까?

첫차는 몇 시예요?
始発は何時ですか。
시하쯔와 난지데스까?

표를 보여 주세요.
乗車券を拝見致します。
죠-샤켕오 하이켕 이따시마스.

이 표를 아직 쓸 수 있나요?
この切符はまだ使えますか。
고노 킵뿌와 마다 쯔카에마스까?

환불이 가능한가요?
払い戻しは可能ですか。
하라이모도시와 카노-데스까?

열차 내에서 도시락 파나요?
車内で駅弁売っていますか。
샤나이데 에키벵 욷떼이마스까?

① '에키벤'이란?
에키벤(駅弁)은 에키벤또(駅弁当)의 줄임말로 기차역이나 기차내에서 판매하는 도시락을 말합니다.

완전 **간단** 필수 회화

여행하면서 쓰는 회화는 간단합니다.
심지어 보디랭귀지나 단어만으로도
여행은 충분합니다.
일본어 때문에 여행 울렁증이 있다면,
이제 그 걱정은 버리세요!
쉽고 간단한 표현만 있으니,
보고 따라 하세요!

완전 **쉬운** 한글 발음

일본어를 하나도 몰라도
바로 보고 말할 수 있게
한글 발음을 표기했습니다.
급할 때는 뒷부분 찾아보기에서
표현을 확인해서 해당 문장의
한국어 발음을 그냥 읽으세요!
일본인과 대화 어렵지 않아요!

3

완전 **핵심** 여행 정보

한국을 떠난다는 것,
여행 초보자에게는
설렘과 함께 부담이 됩니다.
출국부터 입국까지
프로 여행자처럼 다닐 수 있도록
필요한 정보를 담았습니다.
먹고, 마시고, 보고, 느끼는
즐거운 일본 여행!
더 많이 즐기면서 다니세요!

4

완전 **생생** 원어민 MP3

일본어로 말은 했는데, 대답을
알아들을 수 없으면 난감합니다.
필요한 말은 알아들어야,
상황에 대처할 수 있습니다.
원어민 성우의 정확한 발음으로
녹음한 MP3를 들으며,
여행하는 내 모습을 상상해 보세요!

Free **MP3** Download

팟캐스트   콜롬북스 앱

블로그

blog.naver.com/
languagebook

Course 01

기본 회화

자기소개 필수 표현

저는 　　　　　 이에요.

私は です。

와타시와 　　　　　 데스.

회사원	간호사	공무원
会社員	看護婦	公務員
카이샤인	캄고후	코-무인
은행원	학생	선생님
銀行員	学生	先生
긴코-잉	각세-	센세-
요리사	프리랜서	무직
シェフ	フリーランサー	無職
셰후	후리-란사-	무쇼쿠

01 인사 & 안부

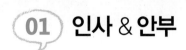

안녕하세요. (아침)

おはようございます。

오하요-고자이마스.

안녕하세요. (낮)

こんにちは。

콘니치와.

안녕하세요. (저녁)

こんばんは。

콤방와.

처음 뵙겠습니다.

初めまして。

하지메마시테.

만나서 반갑습니다.

お会いできて嬉しいです。

오아이데키테 우레시-데스.

잘 부탁드립니다.

よろしくお願いします。

요로시쿠 오네가이시마스.

안녕히 가세요.

さようなら。

사요-나라.

또 봐요.

またお会いしましょう。

마타 오아이시마쇼-.

수고하셨어요.

お疲れ様でした。

오츠카레사마데시타.

좀 이따가 봐요.

また、あとで。

마타, 아토데.

내일 봐요.

また、明日。

마타, 아시타.

다음에 봐요.

また、今度。

마타, 콘도.

조심해서 가세요.

お気を付けて。

오키오 츠케테.

안녕히 주무세요.

おやすみなさい。

오야스미나사이.

먼저 갈게요.

お先に失礼します。

오사키니 시츠레-시마스.

잠깐 실례하겠습니다.

ちょっと失礼します。

촛또 시츠레-시마스.

오랜만입니다.

お久しぶりです。

오히사시부리데스.

오래간만입니다.

ご無沙汰しております。

고부사타시테오리마스.

어떻게 지내세요?

いかがお過ごしですか。

이카가 오스고시데스까?

(가족) 여러분, 다 잘 지내시죠?

皆さん、お元気ですか。

미나상, 오겡기데스까?

---

(02) 대답 & 거절

예. (네.) / 아니요.

はい。/ いいえ。

하이. / 이-에.

맞아요. / 틀려요. (달라요./아니요.)

そうです。/ ちがいます。

소-데스. / 치가이마스.

알겠습니다.

わかりました。

와카리마시타.

좋아요.

いいですよ。

이-데스요.

그런가요? (그렇군요.)

そうですか。

소-데스까?

물론이죠.

勿論です。

모치론데스.

괜찮아요. (됐어요.)

大丈夫です。

다이죠-부데스.

됐어요. (거절)

結構です。

켁코-데스.

죄송해요. 그건 좀... (거절)

すみません。それはちょっと…。

스미마셍. 소레와 춋또...

잘 모르겠습니다.

よく分かりません。

요쿠 와카리마셍.

---

03 부탁 & 확인

여보세요. / 저기요.

すみません。

스미마셍.

말씀 좀 묻겠습니다.

ちょっとお尋ねします。

춋또 오타즈네시마스.

누구 계세요?

ごめんください。

고멩쿠다사이?

다시 한번 말씀해 주세요.

もう一度お願いします。

모-이치도 오네가이 시마스.

좀 천천히 말씀해 주세요.

少しゆっくり話して下さい。

스코시 육쿠리 하나시테 쿠다사이.

무슨 뜻이죠?

どういう意味ですか。

도-유- 이미데스까?

네? 뭐라고요? (말을 못 알아들었을 때)

え。何ですか。

에? 난데스까?

(메모지를 건네면서) 여기에 써 주세요.

ここに書いて下さい。

고코니 카이테 쿠다사이.

이 자리 아무도 없어요?

ここの席空いてますか。

고코노 세키 아이테마스까?

어떻게 가면 돼요?

どう行ったらいいですか。

도- 잇따라 이-데스까?

21

04 감사 & 사과

고맙습니다.

ありがとうございます。

아리가토-고자이마스.

고마워.

サンキュー。

상큐-.

대단히 감사합니다.

本当にありがとうございます。

혼토-니 아리가토-고자이마스.

뭐라 감사해야 할지 모르겠어요.

なんとお礼を申し上げてよいのやら。

난토 오레-오 모-시아게테 요이노야라.

지난번에는 정말 고마웠어요.

先日はどうもありがとうございました。

센지츠와 도-모 아리가토-고자이마시타.

천만에요.

どういたしまして。

도-이타시마시테.

덕분에 많은 도움이 됐습니다.

おかげ樣で助かりました。

오카게사마데 타스카리마시타.

신세 많이 졌습니다.

お世話になりました。

오세와니 나리마시타.

늘 신세 지고 있습니다.

いつもお世話になっております。

이쯔모 오세와니 낫떼오리마스.

진심으로 감사합니다.

心からお礼申し上げます。

고코로카라 오레- 모-시아게마스.

23

미안합니다.

すみません。

스미마셍.

미안해요.

ごめんなさい。

고멘나사이.

죄송합니다.

申し訳ありません。

모-시와케 아리마셍.

오래 기다리게 해서 죄송합니다.

お待たせして申し訳ありません。

오마타세시테 모-시와케아리마셍.

폐를 끼쳤습니다.

ご迷惑をおかけいたしました。

고메-와쿠오 오카케이타시마시타.

24

\# 걱정 끼쳐 드렸습니다.

心配をおかけいたしました。

심빠이오 오카케이타시마시타.

\# 제 잘못이에요.

私のミスです。

와타시노 미스데스.

\# 용서해 주세요.

許して下さい。

유루시테 쿠다사이.

\# 진심으로 사과드립니다.

深くお侘び申しあげます。

후카구 오와비 모-시아게마스.

\# 깊이 반성하고 있습니다.

深く反省しております。

후카쿠 한세- 시테 오리마스.

25

05 자기소개

제 소개를 하겠습니다.

自己紹介させてください。

지꼬 쇼-까이사세떼 쿠다사이.

이름이 뭐예요?

お名前は何ですか。

오나마에와 난데스까?

저는 김희나입니다.

私はキムヒナです。

와타시와 기무 희나데스.

나이가 어떻게 되세요?

おいくつですか。

오이쿠츠데스까?

27살입니다.

27歳です。

니쥬-나나사이데스.

저는 한국에서 왔습니다.

私は韓国から来ました。

와타시와 캉꼬꾸카라 키마시타.

어디에 살아요?

どこにお住まいですか。

도코니 오스마이데스까?

서울에 살아요.

ソウルに住んでいます。

소–루니 슨데이마스.

일본은 처음 와 봐요.

日本は初めて来ました。

니홍와 하지메테 키마시타.

일본어를 못합니다.

日本語は出来ません。

니홍고와 데키마셍.

직업이 뭐예요?

お仕事は。

오시고토와?

저는 대학생이에요.

私は大学生です。

와타시와 다이각세-데스.

교환학생으로 왔습니다.

交換留学生で来ました。

코-칸 류-각세-데 기마시타.

은행에 근무하고 있습니다.

銀行に務めています。

긴코-니 츠토메테이마스.

결혼하셨어요?

ご結婚は。

고켁꽁와?

28

네. 했어요.

はい。しました。

하이. 시마시타.

아니요. 아직이요.

いいえ。まだです。

이-에. 마다데스.

취미가 뭐예요?

趣味は何ですか。

슈미와 난데스까?

영화 감상이에요.

映画鑑賞です。

에-가칸쇼-데스.

등산이에요.

ハイキングです。

하이킹구데스.

일본에 대하여

- **수도** : 도쿄(東京, Tokyo)
- **면적** : 약 37만 ㎢(한반도의 약 1.7배)
- **인구** : 1억 2,699만 명(2016년, World Bank)
- **화폐 단위** : 엔(円, yen)
- **전압** : 110V
- **국가 전화 번호** : +81
- **일본 긴급 연락처** : 경찰 110, 화재 119, 해상 사건사고 118
- **도쿄도 보건의료 정보센터 연락처** : 03-52850-8181
  (한국어로 근처의 진료 가능한 의료기관 안내, 09:00~20:00 운영)

❗ 주 일본 대한민국 대사관 연락처

- **주소** : 東京都港南麻布 1-2-5 (우편번호 106-0047)
- **대표번호** : (81-3) 3452-7611/9
- **긴급연락처** : (81-90) 1693-5773, 휴일: (81-90) 4544-6602(사건·사고)

〈출처 : 외교부, 외교부 해외 안전 여행〉

한국 공항에서 일본 입국까지

1

항공권 체크인 & 공항 도착

2

항공 카운터

수화물 부치기

3

출국장 통과 & 보안 심사

여권과 탑승권 제시,
물이나 음료는 미리 버리기

4

자동 출국 심사

지문 스캔과 사진 촬영을
자동화 기계로 진행

5

비행기 탑승

게이트와 보딩 시간 확인,
입국신고서와 세관신고서 작성

6

일본 공항 도착

7

입국 심사

외국인 심사대에서 줄 서기,
여권과 입국신고서 제출,
지문 스캔과 사진 촬영

8

짐 찾기

9

세관 & 입국장 통과

세관신고서 제출

청음

あ 아	い 이	う 우	え 에	お 오
か 카	き 키	く 쿠	け 케	こ 코
さ 사	し 시	す 스	せ 세	そ 소
た 타	ち 찌	つ 쯔	て 테	と 토
な 나	に 니	ぬ 누	ね 네	の 노
は 하	ひ 히	ふ 후	へ 헤	ほ 호
ま 마	み 미	む 무	め 메	も 모
や 야		ゆ 유		よ 요
ら 라	り 리	る 루	れ 레	ろ 로
わ 와				を 오
ん 응				

탁음·반탁음

が 가	ぎ 기	ぐ 구	げ 게 제	ご 고 조
ざ 자	じ 지	ず 즈	ぜ 제 데	ぞ 조 도
だ 다	ぢ 지	づ 즈	で 데 베	ど 도 보
ば 바	び 비	ぶ 부	べ 베 뻬	ぼ 보 뽀
ぱ 빠	ぴ 삐	ぷ 뿌	ぺ 뿌	ぽ 뽀

요음

きゃ 캬	きゅ 큐	きょ 쿄
しゃ 샤	しゅ 슈	しょ 쇼
ちゃ 챠	ちゅ 츄	ちょ 쵸
にゃ 냐	にゅ 뉴	にょ 뇨
ひゃ 햐	ひゅ 휴	ひょ 효
みゃ 먀	みゅ 뮤	みょ 묘
りゃ 랴	りゅ 류	りょ 료

청음					
ア 아	イ 이	ウ 우	エ 에	オ 오	
カ 카	キ 키	ク 쿠	ケ 케	コ 코	
サ 사	シ 시	ス 스	セ 세	ソ 소	
タ 타	チ 찌	ツ 쯔	テ 테	ト 토	
ナ 나	ニ 니	ヌ 누	ネ 네	ノ 노	
ハ 하	ヒ 히	フ 후	ヘ 헤	ホ 호	
マ 마	ミ 미	ム 무	メ 메	モ 모	
ヤ 야		ユ 유		ヨ 요	
ラ 라	リ 리	ル 루	レ 레	ロ 로	
ワ 와				ヲ 오	
ン 응					

탁음·반탁음

ガ	가	ギ	기	グ	구	ゲ	게	ゴ	고
ザ	자	ジ	지	ズ	즈	ゼ	제	ゾ	조
ダ	다	ヂ	지	ヅ	즈	デ	데	ド	도
バ	바	ビ	비	ブ	부	ベ	베	ボ	보
パ	빠	ピ	삐	プ	뿌	ペ	뻬	ポ	뽀

요음

キャ	캬	キュ	큐	キョ	쿄
シャ	샤	シュ	슈	ショ	쇼
チャ	챠	チュ	츄	チョ	쵸
ニャ	냐	ニュ	뉴	ニョ	뇨
ヒャ	햐	ヒュ	휴	ヒョ	효
ミャ	먀	ミュ	뮤	ミョ	묘
リャ	랴	リュ	류	リョ	료

출국 & 비행기

을(를) 주세요.

を下さい。

오 쿠다사이.

출입국카드	세관신고서	이어폰
出入国カード	**税関申告書**	**イヤホーン**
슈츠뉴-코쿠카-도	제-칸싱꼬쿠쇼	이야혼
담요	신문	이 물건(면세품)
毛布	**新聞**	**この品物**(免税品)
모-후	신분	고노 시나모노(멘제-힝)
커피	녹차	물
コーヒー	**お茶**	**水**
코-히-	오차	미즈

06 비행기 탑승

탑승권을 보여 주세요.

搭乗券を見せて下さい。

토-죠-켕오 미세떼 쿠다사이.

잠깐 지나갈게요.

通してください。

토-시테 쿠다사이.

제 자리가 어디예요?

私の席はどこですか。

와타시노 세키와 도코데스까?

여기는 제 자리인 것 같은데요.

ここは私の席のようなんですが。

고코와 와타시노 세키노 요-난데스가.

좌석벨트를 매 주세요.

座席ベルトをお締め下さい。

자세키베르토오 오시메 쿠다사이.

도와드릴까요?

お手伝い致しましょうか。

오테츠다이 이타시마쇼-까?

짐을 올리려고 하는데 좀 도와주세요.

荷物をあげるのを手伝って下さい。

니모츠오 아게루노오 테츠닷떼 쿠다사이.

이륙 시에는 창문을 열어 주세요.

離陸時には窓を開けて下さい。

리리쿠지니와 마도오 아케떼 쿠다사이.

등받이를 세워 주세요.

シートをおこして下さい。

시-토오 오코시떼 쿠다사이.

휴대폰 전원은 꺼 주세요.

携帯電話の電源はお切り下さい。

케-타이뎅와노 뎅겡와 오키리 쿠다사이.

07 기내에서

MP3. 07

저, 화장실은 어디죠?

すみません。トイレはどこですか。

스미마셍. 토이레와 도코데스까?

한국어 할 수 있는 분이 계십니까?

韓国語が話せる方はいらっしゃいますか。

캉꼬꾸고가 하나세루 카타와 이랏샤이마스까?

한국 신문 있나요?

韓国の新聞はありますか。

캉꼬꾸노 신분와 아리마스까?

불 좀 켜 주세요.

照明をつけて下さい。

쇼―메―오 쯔케떼 쿠다사이.

사용 방법을 모르겠습니다. (자리마다 있는 모니터)

使い方が分かりません。

츠카이카타가 와카리마셍.

40

모니터를 어떻게 켜요?

モニターはどうやってつけますか。

모니타-와 도-얏떼 츠케마스까?

이 이어폰 고장 났어요.

このイヤホン壊れています。

고노 이야혼 코와레테이마스.

소리가 안 나오는데요. (이어폰)

音が出ないんですけど。

오토가 데나인데스케도.

빈자리로 옮겨도 되나요?

空いた席に移ってもいいですか。

아이타 세키니 우츳떼모 이-데스까?

물 좀 주세요.

お水をください。

오미즈오 쿠다사이.

41

추워요.

寒いです。

사무이데스.

속이 안 좋아요.

お腹の調子がおかしいです。

오나카노 쵸-시가 오카시-데스.

머리가 아파요.

頭が痛いです。

아타마가 이타이데스.

멀미하는 것 같아요.

吐き気がします。

하키케가 시마스.

토할 것 같아요.

吐きそうです。

하키소-데스.

약 있나요?

薬はありませんか。

쿠스리와 아리마셍까?

지금 면세품 살 수 있나요?

今、免税品買えますか。

이마, 멘제-힝 카에마스까?

이것으로 주세요. (카탈로그를 가리키면서)

これを下さい。

고레오 쿠다사이.

(비행 시간은) 지금부터 얼마나 걸릴까요?

(飛行時間は)今からどれくらいかかりますか。

(히코-지캉와)이마까라 도레쿠라이 카카리마스까?

도착지는 지금 몇 시인가요?

到着地はいま何時ですか。

토-챠쿠치와 이마 난지데스까?

08 기내식

음료는 무엇으로 드릴까요?

飲み物は何になさいますか。

노미모노와 나니니 나사이마스까?

오렌지주스(와인/맥주) 주세요.

オレンジジュース(ワイン/ビール)を下さい。

오렌지쥬-스(와인/비-루)오 쿠다사이.

커피 드시겠어요?

コーヒーはいかがですか。

코-히-와 이카가데스까?

(한 잔 더) 주세요.

(もう一杯)下さい。

(모- 입빠이) 쿠다사이.

괜찮아요. (필요 없어요.)

結構です。

켁코-데스.

❗ 기내 안내 방송

皆様、今日もANA全日空、東京行き685便をご利用ください
さいましてありがとうございます。

승객 여러분, 오늘도 ANA전일본공수 도쿄행 685편을 이용해 주셔서
감사합니다.

この便の機長は中村。

チーフパーサーは村上でございます。

이 비행기의 기장은 나카무라, 부기장은 무라카미입니다.

離陸後、東京(羽田／成田)空港までの飛行時間は、
1時間15分を予定しております。

이륙 후, 도쿄(하네다/나리타) 공항까지의 비행시간은 1시간 15분을
예상합니다.

到着地の天候は晴れ。

気温は6度でございます。

도착지 날씨는 맑음. 기온은 6도입니다.

また、この便は全席禁煙でございます。

이 비행기는 전 좌석 금연입니다.

ご協力をお願いいたします。

양해해 주시기 바랍니다.

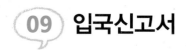

\# 입국카드는 어떻게 작성하는지 알려 주세요.

入国カードの書き方を教えて下さい。

뉴-코쿠카-도노 카키카타오 오시에테 쿠다사이.

\# 볼펜을 빌려주세요.

ボールペンをかして下さい。

보-르펜오 가시테 쿠다사이.

 입국신고서 작성법

- 입국신고서에 기재 항목은 한국어로 번역이 되어 있습니다.
  단, 내용을 **영어** 또는 일본어로 적어야 합니다.
- **이름, 생년월일, 나라·도시명**은 **여권**과 동일하게 작성해야 합니다.
- **편명**은 **비행기 탑승권**에 적혀 있습니다.
- **일본 연락처**는 예약한 **숙소** 이름과 **전화번호**를 기재합니다.
- 일반적으로 3가지 질문에 '**아니오**'를 체크합니다. 해당 사항이 있어
  '예'를 체크하면, 입국심사를 더 엄격하게 받습니다.
- 마지막으로 맨 하단에 **서명**합니다.

外国人入国記録 DISEMBARKATION CARD FOR FOREIGNER 외국인 입국기록 [ARRIVAL]
英語又は日本語で記載して下さい。 Enter information in either English or Japanese. 영어 또는 일본어로 기재해 주십시오.

氏　名 Name 이름	Family Name 영문 성 KIM		Given Names 영문 이름 HEENA	
生年月日 Date of Birth 생년월일	Day 日 일 Month 月 월 Year 年 년 1 0 0 7 1 9 9 2	国名 Country name 나라명 SOUTH KOREA		都市名 City name 도시명 SEOUL
渡航目的 Purpose of visit 도항 목적	☑観光 Tourism 관광　□商用 Business 상용 □ その他 Others ( ) 기타	現　住　所 Home Address 현주소 IbiS Hotel Tokyo Shinjuku	親族訪問 □ Visiting relatives 친척 방문	航空機便名・船名 Last flight No./Vessel 도착 항공기·편명·선명 7C1104
				日本滞在予定期間 Intended length of stay in Japan 일본 체재 예정 기간 3 DAYS
日本の連絡先 Intended address in Japan 일본의 연락처				TEL 전화번호 81-3-3361-1111

裏面の質問事項について、該当するものに☑を記入して下さい。 Check the boxes for the applicable answers to the questions on the back side.
뒷면의 질문사항 중 해당하는 것에 ☑ 표시를 기입해 주십시오.

1. 日本での退去強制歴・上陸拒否歴の有無 　Any history of receiving a deportation order or refusal of entry into Japan 　일본에서의 강제퇴거 이력·상륙거부 이력 유무	□ はい Yes 예	☑ いいえ No 아니오
2. 有罪判決の有無（日本での判決に限らない） 　Any history of being convicted of a crime (not only in Japan) 　유죄 판결의 유무 (일본 내외의 모든 판결)	□ はい Yes 예	☑ いいえ No 아니오
3. 規制薬物・銃砲・刀剣類・火薬類の所持 　Possession of controlled substances, guns, bladed weapons, or gunpowder 　규제약물·총포·도검류·화약류의 소지	□ はい Yes 예	☑ いいえ No 아니오

以上の記載内容は事実と相違ありません。 I hereby declare that the statement given above is true and accurate. 이상의 기재 내용은 사실과 틀림 없습니다.

署名 Signature 서명　　KIM

47

세관신고서 작성법

- 세관신고서는 한국어로 되어 있으나, **영어**로 적어야 합니다.

- 인적사항은 **여권** 및 비행기 **항공권**에 있는 해당 사항을 찾아서 동일하게 기재합니다.

- 동반 **가족**은 대표로 **1명만** 작성합니다.

- 일반적으로 질문에 '**없음**'을 체크하지만, 해당 사항이 있어 '있음'으로 답하는 경우 뒷면에 더 자세하게 내용을 기재해야 합니다.

- 마지막으로 맨 하단에 **서명**합니다.

- 세관신고서는 수화물을 찾은 후, **입국장**을 나갈 때 세관원에게 제출합니다.

(A면)　　일본국세관
세관 양식 C 제 5360-C호

휴대품·별송품 신고서

하기 및 뒷면의 사항을 기입하여 세관직원에게 제출하여 주시기 바랍니다.
가족이 동시에 검사를 받을 경우에는 대표자가 1장 제출하여 주시기 바랍니다.

탑승기편명 (선박명)	7C1104	출발지	Incheon

입국일자 2019 년 01 월 01 일

성 명 (영문)	성 (Surname) KIM	이름 (Given Name) HEENA

현 주소
(일본국내
체류지)　Ibis Hotel Tokyo Shinjuku

전화번호 8 1 3 (3361) 1111

국 적 SOUTH KOREA 직 업 STUDENT

생년월일 1992 년 10 월 07 일

여권번호

동반가족	20세 이상 0 명	6세～20세 미만 0 명	6세 미만 0 명

※아래 질문에 대하여 해당하는 □ 에 "✓"표시를 하여 주시기 바랍니다.

1. 다음 물품을 가지고 있습니까?　　있음　없음

① 일본으로 반입이 금지되어 있는 물품 또는
　제한되어 있는 물품　(B면을 참조).　□　✓
② 면세 범위 (B면을 참조)를 초과하는 물품
　등.　□　✓
③ 상업성 화물·상품 견본품.　□　✓
④ 다른사람의 부탁으로 대리 운반하는 물품.　□　✓

* 상기 항목에서 「있음」을 선택한 분은 B면에 입국시에
　휴대반입할 물품을 기입하여 주시기 바랍니다.

2. 100만엔 상당액을 초과하는 현금 또는　있음　없음
유가증권 등을 가지고 있습니까?　□　✓

* 「있음」을 선택한 분은 별도로 「지불수단 등의 휴대
　수출·수입신고서」를 제출하여 주시기 바랍니다.

3. 별송품　입국할 때 휴대하지 않고 택배 등의 방법을 이용하여 별도로 보
　낸 짐 (이삿짐을 포함)등이 있습니까?

　□ 있음 (　개) ✓ 없음

* 「있음」을 선택한 분은 입국시에 휴대반입할 물품을 B면에 기입한 후
　이 신고서를 2장 세관에 제출하여 세관직원의 확인을 받아 주시기
　바랍니다. (입국후 6개월이내에 수입물품에 한함)
　세관에서 확인을 받은 신고서는 별송품을 통관시킬 때 필요합니다.

《주의사항》

해외에서 구입한 물품, 다른사람의 부탁으로 운반하는 물품 등 일본으로
반입하려고 하는 휴대품·별송품에 대해서는 법률에 의거하여 세관에 신고하여
필요한 검사를 받아야 합니다.
또한 신고 누락, 허위 신고 등 부정한 행위가 있으면 일본 관세법에 따라
처벌을 받을 수 있습니다.

이 신고서 기재내용은 사실과 같습니다.

서 명 KIM

(B면)

※입국시에 휴대반입할 물품을 하기 표에
　합니다. (A면 1 및 3의 ④ 「있음」을 선택한
　필요가 있습니다.)
* (주의) 기타물품」 란에는 개인적으로 사용할 물품을
　　　시가의 합계액이 1만엔 이하인 경우에는 기입할
　　　또한, 일본으로 별도로 보낼 물품 내용도 기입

주 류		
	궐련	
담 배	엽궐련	
	기타	
향 수		
기타품명	수 량	가

● 일본으로 반입이 금지되어 있는
① 마약, 향정신성의약품, 대마, 다편, 히로
② 권총등의 총포, 총포의, 권총부품
③ 폭발물, 화약류, 화학병기의 원재료 등
④ 지폐, 화폐, 유가증권, 신용카드 등의 위
⑤ 음란잡지, 음란DVD, 아동포르노 등
⑥ 가짜명품, 해적판 등의 지적재산권침

● 일본으로 반입이 제한되어 있는
① 엽총, 공기총 및 도검류.
② 워싱턴조약에 따라서 수입이 제한되
③ 사전에 검역 확인이 필요한 살아있는
　햄·말린 고기포함), 채소, 과일,

● 면세범위 (승무원은 제외사항)
* 주류 3병 (1 병당 760㎖ 정도)
* 궐련, 외국산 및 일본제 각각 200개비.
　(비거주자인 경우 각각 2개비 합산)
* 향수 2 온스 (1 온스 약 28㎖)
* 해외 시가의 합계액이 20만 엔을 넘지
　(입국자의 개인적으로 사용함 물품에 한함)
　「해외시가」 는 해외에서 구입한 가격을
* 6세 미만의 어린이는 장난감 등 본인이 사용
　　면세 대상이 되지 않습니다.

일본에 입국 (귀국) 하는 모든 분들은 이
신고서를 세관직원에게 제출할 필요가 있습

49

🛍 여행 준비물

- **여권** : 인적사항 페이지를 사진이나 사본으로 소지
- **증명사진** : 여권 분실이나 기타 필요한 경우를 대비
- **엔화** : 인터넷이나 은행에서 미리 환전, 공항은 비쌈
- **신용카드·체크카드** : 해외 사용이 가능한지 확인
- **심카드·포켓와이파이** : 한국에서 미리 구매 가능
- **예약 바우처** : 항공권, 숙소, 교통 패스, 투어 상품, 공연 등의
  예약 확인증 출력
- **110V 어댑터** : 배터리 충전 및 한국 전자기기 사용에 필요
- **길 찾기 앱** : 교통과 도로가 복잡한 일본에서 유용
- **일본어 번역 앱** : 영어가 잘 통하지 않아서 유용
- **기타** : 여행자 보험, 국제운전면허증, 국제 학생증, 각종 할인쿠폰 등

짐 싸기

- **액체류** : 작은 크기의 액체류(여행용 화장품·세면도구)는 보안
  검사를 통과하지만, 그 외에는 항공권 체크인을 할 때 위탁
  수화물로 부치는 것이 좋습니다.
- **배터리 종류** : 휴대전화, 노트북 배터리 등은 위탁 시
  폭발 위험이 있어, 안전을 위해 승객이 갖고 타야 합니다.
- **수화물 규정 확인** : 저가 항공은 금액 조건에 위탁
  수화물 서비스가 포함되지 않는 경우도 있습니다.
  항공사마다 수화물의 제한 무게, 초과 시 추가 금액
  등이 다르니, 항공권을 구매할 때 수화물 규정을 꼭
  확인합니다.

51

Course 03

입국 & 공항

은(는) 어디예요?
はどこですか。
와 도코데스까?

짐 찾는 곳	종합안내소	전철/버스 탑승장
バゲッジクレームエリア	**総合案内所**	**電車/バス乗り場**
바겟지크레―무에리아	소―고― 안나이죠	덴샤/바스 노리바
출발/도착 로비	보관함	환전하는 곳
出発/到着ロビー	**コインロッカー**	**両替所**
슛빠쯔/토―차쿠 로비―	코인록까―	료―가에죠
레스토랑	모바일 센터	화장실
レストラン	**モバイルセンター**	**トイレ**
레스토랑	모바이루센타―	토이레

여권과 입국카드를 보여 주세요.

パスポートと入国カードをお願いします。

파스포-토토 뉴-코쿠카-도오 오네가이시마스.

일본은 처음입니까?

日本は初めてですか。

니홍와 하지메테데스까?

네. 처음입니다.

はい。初めてです。

하이. 하지메테데스.

일본에 오신 목적은 무엇입니까?

渡航目的は何ですか。

토코-모쿠테키와 난데스까?

여행(관광/출장)입니다.

旅行(観光/出張)です。

료코-(캉코-/슛쬬-)데스.

어디에서 묵을 예정입니까?

どちらにお泊りですか。

도치라니 오토마리데스까?

워싱턴호텔입니다.

ワシントンホテルです。

와싱톤호테루데스.

얼마나 머물 예정입니까?

滞在期間は何日間ですか。

타이자이키칸와 난니치칸데스까?

일주일입니다.

一週間です。

잇슈-칸데스.

여기에 손가락을 올려 주세요. (입국 시 지문 등록할 때)

ここに指をのせて下さい。

고코니 유비오 노세떼 쿠다사이.

카메라를 보세요.

カメラの方を見て下さい。

카메라노 호-오 미떼 쿠다사이.

예, 됐습니다. (가셔도 됩니다.)

はい、結構です。

하이, 켁코-데스.

 입국 심사 팁

- **여권**과 **입국신고서**를 심사관에게 제출하면, 심사관의 지시에 따라 기계에 손가락을 올려 **지문을 등록**합니다.

- 한국인 관광객이 증가하면서, 심사관 대부분이 한국어 단어와 보디랭귀지로 지시하니까 걱정하지 마세요.

- 질문이 이해되지 않으면, 섣불리 대답하지 말고, **통역을 요청**합니다.

⑪ 짐 찾기 & 분실

짐 찾는 곳은 어디입니까?

荷物の受け取りはどこでしますか。

니모츠노 우케토리와 도코데 시마스까?

어느 항공사로 오셨어요?

どちらの航空便でいらっしゃいましたか。

도치라노 코-쿠-빈데 이랏샤이마시타까?

무슨 편으로 오셨어요?

便名をよろしいですか。

빙메-오 요로시-데스까?

대한항공 782편으로 왔습니다.

大韓航空の782便で来ました。

다이캉코-쿠-노 나나하치니빈데 기마시타.

3번으로 가서 짐을 찾으세요.

3番で荷物をお取り下さい。

삼반데 니모츠오 오토리 쿠다사이.

수화물 보관증은 갖고 계십니까?

手荷物引換証はお持ちですか。

테니모츠 히키카에쇼-와 오모치데스까?

잃어버린 것 같아요.

なくしたみたいです。

나쿠시타미타이데스.

여기 있어요.

ここにあります。

고코니 아리마스.

수화물은 몇 개 맡기셨어요?

手荷物はいくつお預けになりましたか。

테니모츠와 이쿠츠 오아즈케니 나리마시타까?

한 개요.

一つです。

히토츠데스.

제 짐이 보이지 않아요.

私の荷物が出てこないのですが。

와타시노 니모츠가 데테 코나이노데스가.

어떤 가방이죠?

どんなかばんですか。

돈나 카방데스까?

검정색 트렁크입니다.

黒いスーツケースです。

쿠로이 스-츠케-스-데스.

수화물이 파손되어 있습니다.

手荷物が破損しています。

테니모츠가 하손시테이마스.

짐이 바뀐 것 같아요.

荷物が入れ替わったようです。

니모츠가 이레카왔다 요-데스.

12 세관

MP3. 12

신고서를 주세요.

申告書を下さい。

싱꼬쿠쇼오 쿠다사이.

신고할 물건이 있습니까?

申告するものはございますか。

싱꼬쿠스루모노와 고자이마스까?

없습니다.

ありません。

아리마셍.

있습니다.

あります。

아리마스.

가방을 열어서 보여 주세요.

かばんの中を見せて下さい。

가방노 나카오 미세테 쿠다사이.

60

이것은 무엇입니까?

これは何ですか。

고레와 난데스까?

이 물건의 영수증입니다.

この荷物のレシートです。

고노 니모츠노 레시-토데스.

이것은 반입 금지되어 있습니다.

これは搬入禁止されています。

고레와 한뉴-킨시 사레테이마스.

이쪽으로 오세요.

こちらの方にお越し下さい。

고치라노 호-니 오코시 쿠다사이.

위조 명품은 압수됩니다.

ブランドの偽造品は没収となります。

브란도노 기조-힝와 봇슈-또 나리마스.

(13) 관광안내소

관광안내소는 어디에 있습니까?

観光案内所はどこですか。

캉코-안나이죠와 도코데스까?

영어나 한국어로 말씀해 주시겠어요?

英語か韓国語で話していただけますか。

에-고까 캉꼬꾸고데 하나시테 이따다케마스까?

이 호텔은 어떻게 갑니까?

このホテルにはどうやって行けばいいですか。

고노 호테루니와 도-얏떼 이케바 이-데스까?

시내까지는 얼마나 걸립니까?

市内までどのぐらいかかりますか。

시나이마데 도노구라이 카카리마스까?

이 버스는 도쿄역에 가나요?

このバスは東京駅まで行きますか。

고노 바스와 도-쿄-에키마데 이키마스까?

버스표는 어디에서 삽니까?

バスの切符はどこで買いますか。

바스노 킵뿌와 도코데 카이마스까?

택시 타는 곳은 어디입니까?

タクシー乗り場はどこですか。

타쿠시-노리바와 도코데스까?

시간표는 없어요?

時刻表はありませんか。

지코쿠효-와 아리마셍까?

시내 지도를 주세요.

市内の地図を下さい。

시나이노 치즈오 쿠다사이.

화장실이 어디예요?

トイレはどこですか。

토이레와 도코데스까?

---

14 환전

환전은 어디에서 할 수 있나요?

両替はどこでできますか。

료-가에와 도코데 데키마스까?

은행은 어디에 있습니까?

銀行はどこにありますか。

긴코-와 도코니 아리마스까?

환전 좀 해 주세요.

両替お願いします。

료-가에 오네가이 시마스.

달러를 엔으로 바꾸고 싶습니다.

ドルを円に両替したいのですが。

도루오 엔니 료-가에 시타이노데스가.

얼마나 바꾸실 건가요?

いくら両替されますか。

이쿠라 료-가에 사레마스까?

500달러 바꿔 주세요.

500ドルお願いします。

고햐꾸도루 오네가이시마스.

환율은 얼마입니까?

レートはいくらですか。

레-토와 이쿠라데스까?

여행자수표를 현금으로 바꿔 주세요.

トラベラーズチェックを現金にかえてください。

토라베라-즈첵꾸오 겡킹니 카에테 쿠다사이.

수수료는 얼마입니까?

手数料はいくらですか。

테스-료-와 이쿠라데스까?

만 엔짜리를 천 엔짜리로 바꿔 주세요.

1万円札を1000円札にくずしてください。

이치만엔사츠오 센엔사츠니 쿠즈시테 쿠다사이.

1엔	5엔	10엔
一円 이찌엥	五円 고엥	十円 쥬-엥
50엔	백 엔	5백 엔
五十円 고쥬-엥	百円 햐꾸엥	五百円 고햐꾸엥
천 엔		2천 엔
千円 셍엥		二千円 니셍엥
5천 엔		만 엔
五千円 고셍엥		一万円 이찌망엥

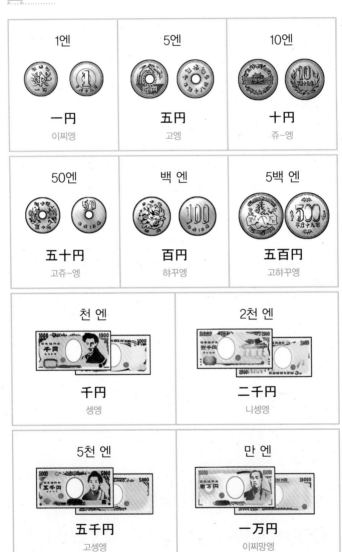

- 100엔 = 약 1,000원 (2018.08. 기준)

숫자

- し(4)는 に로, しち(7)는 いち로 잘못 알아들을 수 있기 때문에 し는 よん, しち는 なな라고 읽기도 합니다. 특히, 철도 등 교통을 이용할 때 よん, なな라고 합니다.

- し(4)는 '死 죽음', く(9)는 '苦 고생'과 연관된다 여겨, 각각 よん이나 きゅう로 바꿔 말합니다. 그래서 호텔 객실 번호에 4와 9를 안 쓰는 곳도 있습니다.

0, 영
れい
레-
= **ゼロ**
제로

1, 하나	2, 둘	3, 셋	4, 넷	5, 다섯
一	**二**	**三**	**四**	**五**
이찌	니	상	시/용	고

6, 여섯	7, 일곱	8, 여덟	9, 아홉	10, 열
六	**七**	**八**	**九**	**十**
로꾸	시찌/나나	하찌	큐-/쿠	쥬-

11, 열하나	12, 열둘	13, 열셋	14, 열넷	15, 열다섯
十一	**十二**	**十三**	**十四**	**十五**
쥬-이찌	쥬-니	쥬-상	쥬-용/쥬-시	쥬-고

16, 열여섯	17, 열일곱	18, 열여덟	19, 열아홉	20, 스물
十六	**十七**	**十八**	**十九**	**二十**
쥬-로꾸	쥬-나나/쥬-시찌	쥬-하찌	쥬-규-	니쥬-

100, 백	1,000, 천	10,000, 만	억
百	**千**	**一万**	**億**
햐꾸	셍	이찌망	오꾸

Course 04

교통

↑ ↓↑ 出口 Exit 출구 1⁻ᴬ 1

까지 부탁드립니다.
までお願いします。

마데 오네가이시마스.

호텔	지하철역	버스 정류장
ホテル 호테루	**地下鉄駅** 치카테츠에끼	**バス停留所** 바스테-류-죠
공항	병원	~역
空港 쿠-코-	**病院** 뵤-인	**~駅** ~에끼
백화점	은행	우체국
デパート 데파-토	**銀行** 긴코-	**郵便局** 유-빈쿄쿠

69

15 지하철

\# 지하철역은 어디에 있나요?

地下鉄の駅はどこですか。

치카테츠노 에키와 도코데스까?

\# 신주쿠에 가려면 몇 호선을 타야 하죠?

新宿に行くには何線に乗ればいいですか。

신쥬쿠니 이쿠니와 나니센니 노레바 이-데스까?

\# 야마노테선을 타세요.

山手線に乗ればいいですよ。

야마노테센니 노레바 이-데스요.

\# 중간에 갈아타야 하나요?

途中で乗り換えなくてはいけませんか。

토츄-데 노리카에 나쿠테와 이케마셍까?

\# 갈아타는 방법을 가르쳐 주세요.

乗り換え方を教えて下さい。

노리카에 카타오 오시에테 쿠다사이.

안 갈아타도 돼요.

乗り換えなくてもいいですよ。

노리카에나쿠테모 이-데스요.

신주쿠 가는 표 두 장 주세요.

新宿まで切符二枚下さい。

신쥬쿠마데 킵뿌 니마이 쿠다사이.

다음 역은 무슨 역이에요?

次の駅はどこですか。

츠기노 에키와 도코데스까?

신주쿠까지 얼마예요?

新宿までいくらですか。

신쥬쿠마데 이쿠라 데스까?

신주쿠행 열차입니다.

新宿行きの電車です。

신쥬쿠유키노 덴샤데스.

16 버스

MP3. 16

버스 정류장은 어디입니까?

バス停はどこですか。

바스테-와 도코데스까?

시부야에 가려면 어떤 버스를 타야 하나요?

渋谷に行くにはどのバスに乗ればいいですか。

시부야니 이쿠니와 도노 바스니 노레바 이-데스까?

시부야에 도착하면 알려 주세요.

渋谷に着いたら教えて下さい。

시부야니 츠이타라 오시에테 쿠다사이.

도착하면 알려 주시겠어요?

着いたら教えて頂けますか。

츠이타라 오시에테 이타다케마스까?

시부야 왔어요. 내리세요.

渋谷に着きましたよ。お降り下さい。

시부야니 츠키마시타요. 오오리 쿠다사이.

72

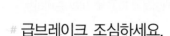

급브레이크 조심하세요.

急ブレーキにご注意下さい。

큐-브레-키니 고츄-이 쿠다사이.

차가 멈추고 나서 자리에서 일어나십시오.

停車してから席をお立ち下さい。

테-샤시테까라 세키오 오타치 쿠다사이.

요금이 얼마예요?

料金はいくらですか。

료-킹와 이쿠라데스까?

표를 뽑아 주세요.

整理券をお取り下さい。

세-리켄오 오토리 쿠다사이.

❗ 버스 이용 팁

일본 버스는 뒤로 타서 앞으로 내립니다. 탈 때 기계에서 번호표를 뽑으면,
버스 안 모니터가 정류장을 지나갈 때마다 해당 번호의 요금이 얼마인지
알려줍니다. 내리면서 버스 기사에게 번호표를 보여 주고, 계산하면 됩니다.

교통패스 & 교통카드

일본은 교통이 복잡하고 비용도 비쌉니다. 여행 일정에 따라 유용한 교통패스를 한국에서 구매하면 더 저렴하기 때문에, 미리 준비하는 것이 좋습니다.

1. 도쿄 지하철 패스

- **1일권** : 24시간 유효, 어른 800엔, 어린이 400엔
- **2일권** : 48시간 유효, 어른 1,200엔, 어린이 600엔
- **3일권** : 72시간 유효, 어른 1,500엔, 어린이 750엔
  - 패스 개시한 시각 기준
  - 외국인 관광객 대상
  - 공항에서 여권 제시 후 구입 가능

Tokyo Subway
24-hour Ticket

Tokyo Subway
48-hour Ticket

Tokyo Subway
72-hour Ticket

2. 오사카 주유패스

• **1일권** : 2,500엔

• **2일권** : 3,300엔

  – 패스 개시한 날짜 기준

  – 오사카 주요 관광 명소 무료 입장 및 할인

| 1일권 | 2일권 |

3. 교통카드

일본도 우리나라 티머니와 같이 교통카드 하나로 버스, 지하철을
이용하고 가맹점에서 결제도 가능합니다. 도쿄에는 PASMO, SUICA,
오사카에는 ICOCA 카드가 있으며, 지하철 자판기에서 구매하면
됩니다. (SUICA는 모바일로도 구입하여 쓸 수 있습니다.)

어디까지 가세요?

どちらまでいきますか。

도치라마데 이키마스까?

이케부쿠로로 가 주세요.

池袋までお願いします。

이케부쿠로마데 오네가이시마스.

이케부쿠로까지 몇 분 걸려요?

池袋まで何分かかりますか。

이케부쿠로마데 남풍 카카리마스까?

다음 교차로에서 좌회전해 주세요.

次の交差点で左折してください。

츠기노 코－사텐데 사세츠시테 쿠다사이.

다음 신호에서 우회전해 주세요.

次の信号を右折して下さい。

츠기노 신고－오 우세츠시떼 쿠다사이.

다음 신호등에서 세워 주세요.

次の信号で止めてください。

츠기노 싱고-데 토메테 쿠다사이.

빨리 좀 가 주세요.

少し急いで下さい。

스코시 이소이데 쿠다사이.

여기에서 내려 주세요.

ここで降ろして下さい。

고코데 오로시테 쿠다사이.

영수증 주세요.

領收書下さい。

료-슈-쇼 쿠다사이.

거스름돈은 괜찮습니다.

お釣りは結構です。

오츠리와 켁코-데스.

 **기차**

신칸센 표를 구입하려고 하는데요.

新幹線のチケットをお願いします。

신칸센노 치켓또오 오네가이시마스.

다음 기차의 출발은 몇 시인가요?

次の列車の出発は何時ですか。

츠기노 렛샤노 슙빠츠와 난지데스까?

운임표 있어요?

運賃表ありますか。

운친효– 아리마스까?

시간표 있어요?

時刻表ありますか。

지코쿠효– 아리마스까?

첫차는 몇 시예요?

始発は何時ですか。

시하츠와 난지데스까?

막차는 몇 시예요?

最終は何時ですか。

사이슈-와 난지데스까?

도쿄에서 오사카까지 편도 티켓 주세요.

東京から大阪までの片道チケットを下さい。

도-쿄-카라 오-사카마데노 카타미치 치켓또오 쿠다사이.

왕복 티켓 주세요.

往復チケットを下さい。

오-후쿠 치켓또오 쿠다사이.

자유석과 지정석이 있습니다.

自由席と指定席がございます。

지유-세키토 시테-세키가 고자이마스.

자리가 없습니다.

席が空いておりません。

세키가 아이테 오리마셍.

JR레일패스를 구입하고 싶은데요.

JRレールパスを購入したいのですが。

제-아루 레-루파스오 코-뉴-시타이노데스가.

오사카행 기차는 여기서 타나요?

大阪行きの汽車はここで乗れますか。

오-사카유키노 키샤와 고코데 노레마스까?

신칸센은 몇 번 홈에서 타나요?

新幹線は何番ホームで乗れますか。

신칸센와 난방호-무데 노레마스까?

11시 출발 신칸센을 놓쳤어요.

11時発の新幹線に乗り遅れました。

쥬-이치지하쯔노 신칸센니 노리오쿠레마시타.

내릴 역을 지났습니다.

乗り越してしまいました。

노리코시테 시마이마시타.

표를 보여 주세요.

乗車券を拝見致します。

죠-샤켄오 하이켄 이타시마스.

이 표를 아직 쓸 수 있나요?

この切符はまだ使えますか。

고노 킵뿌와 마다 쯔카에마스까?

환불이 가능한가요?

払い戻しは可能ですか。

하라이모도시와 카노-데스까?

열차 내에서 도시락 파나요?

車内で駅弁売っていますか。

샤나이데 에키벤 웃떼이마스까?

⚠ '에키벤'이란?

에키벤(駅弁)은 에키벤토(駅売弁当)의 줄임말로 기차역이나 기차내에서 판매하는 도시락을 말합니다.

(19) 배

어디에서 티켓을 살 수 있어요?

どこでチケットが買えますか。

도코데 치켓또가 카에마스까?

특별좌석(1등석)은 얼마예요?

グリーン席はいくらですか。

그린세키와 이쿠라데스까?

편도 얼마예요?

片道はいくらですか。

카타미치와 이쿠라데스까?

왕복 얼마예요?

往復はいくらですか。

오-후쿠와 이쿠라데스까?

학생 할인되나요?

学生割引出来ますか。

각세-와리비키 데키마스까?

환불 수수료는 얼마예요?

払い戻し手数料はいくらですか。

하라이모도시 테수-료-와 이쿠라데스까?

예약 변경 가능합니까?

予約の変更は出来ますか。

요야쿠노 헨코-와 데키마스까?

주류나 음료는 어디에서 살 수 있어요?

お酒やジュースはどこで買えますか。

오사케야 쥬-스와 도코데 카에마스까?

뱃멀미가 나요.

船酔いしたので。

후나요이 시타노데.

멀미약 살 수 있어요?

酔い止めは買えますか。

요이도메와 카에마스까?

 렌터카

차를 빌리고 싶은데요.

車をレンタルしたいのですが。

쿠루마오 렌타루 시타이노데스가.

국제운전면허증 있으세요?

国際免許証はお持ちですか。

고쿠사이 멘쿄쇼–와 오모치데스까?

어떤 차종을 원하세요?

どんな車種をお望みですか。

돈나 샤슈오 오노조미데스까?

며칠 빌리실 거예요?

レンタル期間は何日ですか。

렌타루키칸와 난니치데스까?

이틀 간 빌립니다.

2日間かります。

후츠카칸 카리마스.

얼마예요?

おいくらですか。

오이쿠라데스까?

하루 6000엔입니다.

一日6000円です。

이치니치 록셍엔데스.

내비게이션 있어요?

カーナビはついていますか。

카－나비와 쯔이테이마스까?

보험은 어떻게 되어 있어요?

保険はどうなっていますか。

호켕와 도－낫떼이마스까?

공항에서 차를 돌려주는 것도 가능한가요?

空港で車を返すことも可能ですか。

쿠－코－데 쿠루마오 카에스코토모 카노－데스까?

85

済生会病院前
Saiseikai-byoin-mae

기름은 가득 채우고 돌려주세요.

ガソリンは満タンにして返してください。

가소린와 만땅니시테 카에시테 쿠다사이.

사전 점검하겠습니다.

事前点検します。

지젠 텡켕 시마스.

여기에 서명 좀 해 주세요.

ここにサインして下さい。

고코니 사인시테 쿠다사이.

비상 연락처 받을 수 있을까요?

緊急時の連絡先頂けますか。

킹큐-지노 렌라쿠사키 이따다케마스까?

무슨 일이 있으면 연락 주세요.

何かありましたら、ご連絡下さい。

나니카 아리마시타라, 고렌라쿠 쿠다사이.

국제운전면허증 만들기

교통

- **발급 장소** : 전국 운전면허시험장 및 발급 지정 경찰서
- **준비물** : 여권, 운전면허증, 사진 1매(3.5cm x 4.5cm)
- **수수료** : 8,500원(경찰서의 경우, 카드 결제만 가능)
- **유효 기간** : 발급 후 1년

Tip. 인천공항 제1여객터미널
3층 F와 G카운터 사이 뒤편
경찰치안센터에서도 발급받을 수
있습니다. (평일 09:00~18:00)

 ## 일본 운전 팁

- 국내 운전면허증도 꼭 함께 소지
- 한국과 반대로 차량은 좌측통행
- 운전석도 반대로 오른쪽에 위치
- 전조등, 점멸등과 와이퍼 조절 위치 확인
- 좌회전은 가깝게, 우회전은 넓게
- 좌회전할 때도 신호 받기
- **止まれ**(정지) 표지판에서는
  3초 정지한 후 출발

87

숙소

을 잘 모르겠습니다.

が分かりません。 가 와카리마셍.

사우나 사용법	노천탕 사용법	유카타 입는 법
サウナの 使用法	**露天風呂の 入り方**	**浴衣の 着方**
사우나노 시요-호-	로텡부로노 하이리카타	유카타노 기카타
방 키 사용법	인터넷 사용법	에어컨 사용법
部屋のキーの 使用法	**インターネットの 使用法**	**エアコンの 使用法**
헤야노 키-노 시요-호-	인타-넷또노 시요-호-	에아콘노 시요-호-
전화 사용법	드라이기 사용법	가전제품 사용법
電話の 使用法	**ドライヤーの 使用法**	**電化製品の 使用法**
뎅와노 시요-호-	도라이야-노 시요-호-	뎅카세-힝노 시요-호-

89

체크인

체크인해 주세요.

チェックインお願いします。

체크인 오네가이시마스.

예약하셨나요?

予約なさいましたか。

요야쿠나사이마시타까?

네. 예약했습니다.

はい。予約しました。

하이. 요야쿠시마시타.

예약 안했는데요.

予約していません。

요야쿠 시테이마셍.

잠깐만 기다려 주세요.

少々お待ちください。

쇼-쇼- 오마치 쿠다사이.

90

빈방 있어요?

部屋は空いていますか。

헤야와 아이테 이마스까?

하루에 얼마예요?

一泊いくらですか。

입빠쿠 이쿠라데스까?

여권을 주시겠습니까?

パスポートよろしいですか。

파스포-토 요로시-데스까?

이쪽에 기입 좀 해 주세요.

こちらの方にご記入お願い致します。

고치라노 호-니 고키뉴- 오네가이 이타시마스.

여기에 사인해 주세요.

こちらにサインをお願いします。

고치라니 사인오 오네가이시마스.

이게 방 카드입니다.

こちらがお部屋のキーとなっております。

고치라가 오헤야노 키-토 낫떼 오리마스.

손님의 방은 702호입니다.

お客様のお部屋は702号室でございます。

오캬쿠사마노 오헤야와 나나마루니고-시츠데 고자이마스.

지불은 언제 하면 되나요?

支払いはいつすればいいですか。

시하라이와 이츠 스레바 이-데스까?

체크아웃할 때 하시면 됩니다.

チェックアウトをされる時でよろしいですよ。

체크아우토오 사레루토키데 요로시-데스요.

체크아웃은 몇 시까지 하면 됩니까?

チェックアウトは何時までですか。

체크아우토와 난지마데 데스까?

방까지 짐을 옮겨 주시겠어요?

部屋まで荷物をお願いできますか。

헤야마데 니모츠오 오네가이데키마스까?

귀중품은 프런트에 보관해 주세요.

貴重品はフロントにお預けください。

키쵸-힝와 후론토니 오아즈케 쿠다사이.

방에 있는 음료수 등은 모두 유료입니다.

お部屋においてある飲料等は全て有料です。

오헤야니 오이테아루 인료-나도와 스베테 유-료-데스.

외부 사람의 입실은 금지되어 있습니다.

外部の方の入室は禁止されています。

가이부노 카타노 뉴-시츠와 킨시사레테 이마스.

편안한 시간되세요.

ごゆっくりどうぞ。

고육꾸리 도-조.

 프런트

사용법을 가르쳐 주세요.

使い方を教えてください。

츠카이카타오 오시에테 쿠다사이.

한국어 할 수 있는 분 계세요?

韓国語ができる方はいらっしゃいますか。

캉꼬꾸고가 데키루 카타와 이랏샤이마스까?

방 여는 방법을 모르겠는데요.

部屋の開け方が分からないのですが。

헤야노 아케카타가 와카라나이노데스가.

방 키를 안에 둔 채 문을 닫아 버렸는데요.

キーを中に置いたままドアを閉めてしまいました。

키-오 나카니 오이타마마 도아오 시메테 시마이마시타.

여기에서 가장 가까운 편의점은 어디에 있나요?

ここから一番近いコンビニはどこですか。

고코카라 이치방 치카이 콤비니와 도코데스까?

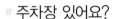

주차장 있어요?

駐車場はありますか。

츄-샤죠-와 아리마스까?

변환플러그(어댑터) 좀 빌려주세요.

変換プラグ貸して下さい。

헹깡프라그 카시테 쿠다사이.

주변 지도 없어요?

周辺マップはありませんか。

슈-헨맙뿌와 아리마셍까?

이것을 복사해 주시겠어요?

これをコピーして頂けますか。

고레오 코피-시떼 이타다케마스까?

방 키는 어디에 맡기면 되나요?

部屋のキーはどこに預ければいいですか。

헤야노 키-와 도코니 아즈케레바 이-데스까?

95

여보세요. 프런트죠? 309호실인데요.

もしもし。フロントですか。309号室ですが。

모시모시. 후론토데스까? 삼마루큐ー고ー시쯔데스가.

수건을 갖다주시겠어요?

タオルを持ってきて頂けますか。

타오루오 못떼키테 이타다케마스까?

시트가 더럽습니다.

シーツが汚れています。

시ー츠가 요고레테 이마스.

뜨거운 물이 안 나와요.

お湯が出ません。

오유가 데마셍.

변기가 막혔어요.

便器がつまりました。

벤키가 츠마리마시타.

\# 방에 불이 안 켜져요.

部屋の電気がつきません。

헤야노 뎅키가 츠키마셍.

\# 에어컨이 고장 났어요.

エアコンが故障しました。

에아콘가 코쇼-시마시타.

\# TV가 안 나옵니다.

テレビがつきません。

테레비가 츠키마셍.

\# 방에 와서 확인해 주실 수 있나요?

部屋に来て見てもらえませんか。

헤야니키테 미테모라에마셍까?

\# 네. 바로 사람을 보내도록 하겠습니다.

はい。すぐ担当の者をむかわせます。

하이. 스구 단토-노모노오 무카와세마스.

97

모닝콜 서비스 부탁합니다.

モーニングコールお願いします。

모-닝구코-루 오네가이시마스.

몇 시에 해 드릴까요?

何時になさいますか。

난지니 나사이마스까?

7시에 해 주세요.

7時にお願いします。

시찌지니 오네가이시마스.

드라이클리닝 할 수 있을까요?

クリーニングお願いできますか。

쿠리-닝구 오네가이데키마스까?

아침 10시까지 될까요?

朝の10時までに出来ますか。

아사노 쥬-지마데니 데키마스까?

네. 10시까지 갖다드릴게요.

はい。10時までにお届け致します。

하이. 쥬-지마데니 오토도케 이타시마스.

오늘은 청소하지 말아 주세요.

今日は掃除しないで下さい。

쿄-와 소-지시나이데 쿠다사이.

아침식사를 갖다주시겠어요?

朝食を持ってきて頂けますか。

쵸-쇼쿠오 못떼 키떼 이타다케마스까?

헬스장은 몇 시까지 이용할 수 있어요?

ジムは何時まで利用できますか。

지무와 난지마데 리요-데키마스까?

비품(소모품)을 받을 수 있나요?

アメニティー頂けますか。

아메니티- 이타다케마스까?

24 조식

아침식사는 몇 시부터입니까?

朝食は何時からですか。

쵸-쇼쿠와 난지카라데스까?

식당은 어디예요?

レストランはどこですか。

레스토랑와 도코데스까?

조식은 10층 레스토랑에서 뷔페로 되어 있습니다.

**朝食は10階のレストランでバイキングと
なっております。**

쵸-쇼쿠와 쥿까이노 레스토랑데 바이킹구토 낫떼 오리마스.

몇 분이세요?

何名様ですか。

난메-사마데스까?

두 사람입니다.

2人です。

후타리데스.

티켓 주세요.

チケットお願いします。

치켓또 오네가이시마스.

이쪽으로 오세요.

こちらにどうぞ。

고치라니 도-죠.

이 접시 치워 주세요.

このお皿はさげて下さい。

고노 오사라와 사게테 쿠다사이.

냅킨 좀 주시겠어요?

ナプキン頂けますか。

나푸킨 이타다케마스까?

조식을 취소하고 싶습니다.

朝食をキャンセルしたいんですが。

쵸-쇼쿠오 캰세루 시타인데스가.

25 체크아웃

체크아웃해 주세요.

チェックアウトお願いします。

체크아우토 오네가이시마스.

여기 명세서입니다.

明細書です。

메-사이쇼데스.

이건 무슨 비용이죠?

これは何の料金ですか。

고레와 난노 료-킹데스까?

전화비입니다.

通話料です。

츠-와료-데스.

전화는 쓰지 않았습니다.

電話は使っていません。

뎅와와 츠캇떼 이마셍.

내역서를 보여 주세요.

内訳を見せて下さい。

우치와케오 미세테 쿠다사이.

지불은 무엇으로 하시겠습니까?

お支払いは何でなさいますか。

오시하라이와 나니데 나사이마스까?

카드로 하겠습니다.

カードでお願いします。

카ー도데 오네가이시마스.

여행자수표도 받나요?

トラベラーズチェックでも出来ますか。

토라베라ー즈체크데모 데키마스까?

여기에 서명해 주세요.

ここにサインをお願いします。

고코니 사인오 오네가이시마스.

불편하신 점은 없으셨나요?

ご不便な点はございませんでしたか。

고후벤나 텡와 고자이마셍데시타까?

짐을 좀 맡길 수 있을까요?

荷物を預かって頂けますか。

니모츠오 아즈캇떼 이타다케마스까?

몇 시에 찾으러 오시겠습니까?

何時にお戻りですか。

난지니 오모도리데스까?

오후 2시쯤 올게요.

午後2時ぐらいです。

고고 니지구라이데스.

짐 교환권입니다.

荷物の引渡し券です。

니모츠노 히키와타시켄데스.

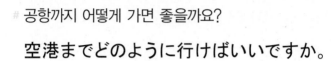

공항까지 어떻게 가면 좋을까요?

空港までどのように行けばいいですか。

쿠-꼬-마데 도노요-니 이케바 이-데스까?

택시를 불러 주세요.

タクシーを呼んで下さい。

타쿠시-오 욘데 쿠다사이.

물건을 방에 두고 왔습니다.

部屋に忘れ物をしてきました。

헤야니 와스레모노오 시테 키마시따.

잠시 올라갔다 오겠습니다.

ちょっと取ってきます。

춋또 톳떼 키마스.

❗ 숙소 이용 팁

숙소 체크인은 대부분 3시부터지만 객실 준비 정도에 따라 조금 일찍
할 수 있습니다. 체크아웃도 예약 정도에 따라 '레이트 체크아웃
(Late Check-out)'이 비용 추가나 무료로 가능합니다.
이런 서비스가 필요하다면, 프런트에 문의하세요!

26 료칸

MP3. 26

방은 몇 가지 타입이 있어요?

部屋のタイプはいくつありますか。

헤야노 타이푸와 이쿠쯔 아리마스까?

저녁이랑 아침은 포함인가요?

夕食と朝食は付いていますか。

유-쇼쿠또 쵸-쇼쿠와 쯔이테이마스까?

식사는 방에서 할 수 있나요?

食事は部屋で頂けますか。

쇼쿠지와 헤야데 이타다케마스까?

방에 노천탕이 있나요?

部屋に露天風呂は付いていますか。

헤야니 로텡부로와 쯔이테 이마스까?

온천 종류가 몇 가지 있어요?

温泉は何種類ありますか。

온셍와 난슈루이 아리마스까?

106

혼탕이 있어요?

混浴はありますか。

콩요쿠와 아리마스까?

온천의 효능을 가르쳐 주세요.

温泉の効能を教えて下さい。

온센노 코-노-오 오시에떼 쿠다사이.

유카타나 비품(소모품)은 빌려주시나요?

浴衣やアメニティは貸していただけますか。

유카타야 아메니티와 카시테 이타다케마스까?

유카타 입는 법을 가르쳐 주세요.

浴衣の着方を教えて下さい。

유카타노 키카타오 오시에떼 쿠다사이.

마중 나와 주시나요?

送迎付きですか。

소-게-쯔키데스까?

도쿄 오오에도 온천

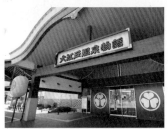

- 오오에도 온천은 도쿄의
  인기 관광지이자,
  2003년 오픈한 도쿄 최초의
  '온천 테마파크'입니다.
  숙박과 온천 둘 다 할 수
  있는 곳으로 우리나라의
  찜질방과 비슷하지만,
  유카타를 입고 에도시대를
  체험하듯 걸어볼 수 있다는
  점에서 특색이 있습니다.

지하 1,400m로부터 퍼 올린 천연 온천수에 하늘을 바라볼 수
있는 노천탕, 족탕 등 다채로운 시설을 완비했고, 식당가와 기념품
가게도 있습니다.

유카타 입기

손으로 유카타
양쪽을 잡고, 길이를
복숭아뼈에 맞춥니다.

오른 쪽을
아래로 가게 해서
덮습니다.

끈으로 한 번 묶어
고정합니다.

여유 부분을
말끔히 정리합니다.

오비(허리띠)의 끝부분을
반으로 접습니다.

두 바퀴 정도
허리에 감습니다.

앞에서
한 번 묶습니다.

한 쪽(긴 쪽)을
가슴 너비만큼
접습니다.

나머지 한 쪽
오비로 감아 리본
모양을 만듭니다.

리본 모양이
뒤로 가게
돌립니다.

109

음식점

음식점 필수 표현

을(를) 주세요.
を下さい。
오 쿠다사이.

메뉴판	젓가락	숟가락
メニュー	**おはし**	**スプーン**
메뉴-	오하시	스푼
포크	냅킨	물수건
フォーク	**ナプキン**	**おしぼり**
훠-크	나푸킨	오시보리
티슈	컵	영수증
ティッシュ	**コップ**	**領収書**
팃슈	곱뿌	료-슈-쇼

111

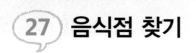

27 음식점 찾기

\# 맛있는 일식집 알려 주세요.

和食の美味しい所教えて下さい。

와쇼쿠노 오이시-토코로 오시에테 쿠다사이.

\# 맛있는 집이 어디입니까?

美味しいお店はどこですか。

오이시- 오미세와 도코데스까?

\# 이 부근에 맛있는 레스토랑이 없나요?

**この付近に美味しいレストランはありま
せんか。**

고노 후킨니 오이시- 레스토랑와 아리마셍까?

\# 이 부근에 초밥집이 없나요?

この近くにおすし屋さんはありませんか。

고노 치카쿠니 오스시야상와 아리마셍까?

\# 회전초밥이요.

回転寿司です。

카이텐즈시데스.

112

선술집 있습니까?

居酒屋ありますか。

이자카야 아리마스까?

추천할 만한 집으로 데리고 가 주세요.

お薦めのお店に連れて行って下さい。

오스스메노 오미세니 츠레테 잇떼 쿠다사이.

이 식당은 비싼가요?

このレストランは高いですか。

고노 레스토랑와 타카이데스까?

비싸요.

高いです。

타카이데스.

별로 안 비싸요.

そうでもないです。

소-데모나이데스.

28 음식점 예약

예약 좀 할게요.

予約をお願いします。

요야쿠오 오네가이시마스.

몇 분이시죠?

何名様ですか。

난메-사마데스까?

6명입니다.

6人です。

로쿠닌데스.

몇 시로 예약 잡아 드릴까요?

何時にお取りしましょうか。

난지니 오토리 시마쇼-까?

7시로 해 주세요.

7時でお願いします。

시치지데 오네가이시마스.

주문은 어떻게 하시겠어요?

ご注文の方はどうなさいますか。

고츄−몽노호−와 도−나사이마스까?

가서 주문할게요.

行ってから注文します。

잇떼카라 츄−몽시마스.

음료(술) 무한제공 코스는 얼마예요?

飲み放題はおいくらですか。

노미호−다이와 오이쿠라데스까?

추천 코스요리로 주세요.

お薦めのコースでお願いします。

오스스메노 코−스데.오네가이시마스.

방을 잡아 주세요.

部屋をお願いします。

헤야오 오네가이시마스.

음식점 입구

어서 오세요.

いらっしゃいませ。

이랏샤이마세.

예약하셨습니까?

予約はなさいましたか。

요야쿠와 나사이마시타까.

7시로 예약한 김이라고 하는데요.

7時に予約したキムと申します。

시치지니 요야쿠시타 키무토 모ー시마스.

예약하지 않았어요.

予約していないのですが。

요야쿠시테 이나이노데스가.

자리 있나요?

席はありますか。

세키와 아리마스까?

죄송하지만, 지금 자리가 없습니다.

申し訳ありません。ただ今満席です。

모-시와케 아리마셍. 타다이마 만세키데스.

좀 기다리시면 자리가 있을 거예요.

少々お待ち頂けたら、席が空くと思います が。

쇼-쇼-오마치 이타다케타라, 세키가 아쿠토 오모이마스가.

얼마나 기다려야 하죠?

どのぐらい待たないといけませんか。

도노구라이 마타나이토 이케마셍까?

15분 정도면 됩니다.

15分ぐらいです。

쥬-고흥 구라이데스.

이쪽으로 오세요.

こちらへどうぞ。

고치라에 도-죠.

30 테이블

오래 기다리셨습니다.

お待たせ致しました。

오마타세 이타시마시타.

저를 따라 오세요.

こちらへどうぞ。

고치라에 도-죠.

금연석(흡연석)으로 하시겠어요?

禁煙席(喫煙席)になさいますか。

긴엔세키(기츠엔세키)니 나사이마스까?

여기에 앉아도 될까요?

ここに座ってもいいですか。

고코니 스왓떼모 이-데스까?

어린이용 의자는 없어요?

子供用の椅子はありませんか。

코도모요-노 이스와 아리마셍까?

자리가 좋네요.

いい席ですね。

이-세키데스네.

조용한 자리로 주세요.

静かな席をお願いします。

시즈카나 세키오 오네가이시마스.

방은 없어요?

部屋は空いていませんか。

헤야와 아이테 이마셍까?

자리 좀 옮겨도 돼요?

席を移ってもいいですか。

세키오 우츳떼모 이-데스까?

테이블 좀 닦아 주세요.

テーブルをふいて下さい。

테-부루오 후이테 쿠다사이.

31 주문

메뉴판 주세요.

メニューを下さい。

메뉴-오 쿠다사이.

여기요, 주문해도 될까요?

すみません、注文いいですか。

스미마셍, 츄-몽 이-데스까?

주문하시겠어요?

ご注文宜しいですか。

고츄-몽 요로시-데스까?

무엇으로 주문하시겠어요?

ご注文なさいますか。

고츄-몽 나사이마스까?

이건 어떤 요리예요?

これはどんな料理ですか。

고레와 돈나 료-리데스까?

여기 추천 요리가 뭔가요?

ここのおすすめ料理は何ですか。

고코노 오스스메 료-리와 난데스까?

이 식당의 메인 요리는 뭔가요?

このレストランのメインメニューは何ですか。

고노 레스토랑노 메인메뉴-와 난데스까?

옆 사람이 먹는 음식은 뭔가요?

隣の方が食べているものは何ですか。

토나리노 카타가 타베테이루모노와 난데스까?

저것과 같은 것으로 주세요.

あれと同じものを下さい。

아레토 오나지모노오 쿠다사이.

이거 주세요.

これを下さい。

고레오 쿠다사이.

런치는 몇 시까지예요?

ランチは何時までですか。

란치와 난지마데데스까?

단품이에요? 세트예요?

単品ですか。セットですか。

탐핑데스까? 셋또데스까?

주문을 바꿔도 될까요?

注文の変更いいですか。

츄-몬노 헹코- 이-데스까?

추가 주문할게요.

追加注文お願いします。

츠이카 츄-몽 오네가이시마스.

주문 확인하겠습니다.

注文の確認をします。

츄-몽노 카쿠닝오 시마스.

\# 이 요리 취소해 주세요.

この料理をキャンセルして下さい。

고노 료-리오 캰세루시테 쿠다사이.

\# 디저트는 식후에 주세요.

デザートは食後に下さい。

데자-토와 쇼쿠고니 쿠다사이.

\# 디저트는 식사와 같이 주세요.

デザートはご飯と一緒に下さい。

데자-토와 고항또 잇쇼니 쿠다사이.

\# 어린이용 접시랑 포크를 주세요.

子供用のお皿とフォークをお願いします。

코도모요-노 오사라토 훠-크오 오네가이시마스.

\# 쿠폰을 갖고 왔습니다.

クーポンを持って来ました。

쿠-폰오 못떼 키마시따.

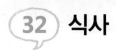 식사

잘 먹겠습니다.

いただきます。

이타다키마스.

그런대로 괜찮아요.

まあまあです。

마-마-데스.

냅킨 좀 주시겠어요?

ナプキン頂けますか。

나푸킨 이타다케마스까?

젓가락 주시겠어요?

お箸頂けますか。

오하시 이타다케마스까?

물수건 주세요.

おしぼりを下さい。

오시보리오 쿠다사이.

\# (덜어 먹는) 작은 접시를 주세요.

取り皿を下さい。

토리자라오 쿠다사이.

\# 간장 좀 주세요.

しょうゆ下さい。

쇼-유 쿠다사이.

\# 소금 있어요?

塩ありますか。

시오 아리마스까?

\# 후추 있어요?

胡椒ありますか。

코쇼- 아리마스까?

\# 이것 좀 싸 주시겠어요?

これ包んで頂けますか。

고레 츠츤데 이타다케마스까?

주문한 요리가 아직 안 나왔어요.

注文した料理がまだ来てません。

츄-몽시타 료-리가 마다 키테마셍.

죄송합니다. 금방 갖다드릴게요.

申し訳ございません。すぐお持ち致します。

모-시와케 고자이마셍. 스구 오모치 이타시마스.

음식 좀 빨리 갖다주시겠어요?

料理を早く持ってきて頂けますか。

료-리오 하야쿠 못떼 키테 이타다케마스까?

벌써 30분이나 기다리고 있습니다.

もう30分以上待っています。

모- 산쥽뿐이죠- 맛떼 이마스.

이건, 제가 주문한 요리가 아닌데요.

これ、私が頼んだものと違います。

고레, 와타시가 타논다 모노토 치가이마스.

126

아직 다 안 익었어요.

中まで焼けていません。

나카마데 야케테 이마셍.

고기가 탔어요.

お肉が焦げています。

오니쿠가 코게테 이마스.

차가워요.

冷たいです。

츠메타이데스.

머리카락이 들어 있어요.

髪の毛が入っています。

카미노케가 하잇떼 이마스.

컵이 깨져 있어요.

コップが割れています。

콥뿌가 와레테 이마스.

33 계산

MP3. 33

저기요. 계산해 주세요.

すみません。計算お願いします。

스미마셍. 케-산 오네가이시마스.

따로따로 계산해 주세요.

別々に計算して下さい。

베쯔베쯔니 케-산시테 쿠다사이.

얼마예요?

おいくらですか。

오이쿠라데스까?

계산이 틀린 것 같은데요.

計算が間違っているようなんですが。

케-산가 마치갓데 이루요-난데스가.

카드도 되나요?

カードで払ってもいいですか。

카-도데 하랏떼모 이-데스까?

128

여기 사인해 주세요.

ここにサインして下さい。

고코니 사인시테 쿠다사이.

잘못 거슬러 주신 것 같아요.

おつりが間違っているようなんですが。

오츠리가 마치갓떼이루요-난데스가.

영수증 주세요.

領収書下さい。

료-슈-쇼 쿠다사이.

오늘은 제가 살게요.

今日は私がおごります。

쿄-와 와타시가 오고리마스.

더치페이로 해요.

割り勘にしましょう。

와리칸니 시마쇼-.

34 레스토랑 & 일식집

오늘의 런치가 뭐예요?

今日のランチは何ですか。

쿄-노 란치와 난데스까?

런치세트 메뉴를 보여 주세요.

ランチセットのメニューを見せて下さい。

란치셋또노 메뉴-오 미세떼 쿠다사이.

5천 엔 정도의 코스 요리는 없나요?

5千円ぐらいのコース料理はありませんか。

고셍엔 구라이노 코-스료-리와 아리마셍까?

우선 음료를 주세요.

とりあえず飲み物をください。

토리아에즈 노미모노오 쿠다사이.

고기는 어떻게 구워 드릴까요?

お肉の焼き加減はどのように致しましょうか。

오니꾸노 야키카겡와 도노요-니 이타시마쇼-까?

레어(미디엄/웰던)로 해 주세요.

レア(ミディアム/ウェルダン)でお願いします。

레아(미디아무/웨루단)데 오네가이시마스.

밥과 빵 중에서 어떤 것으로 하시겠어요?

ライスとパン、どちらになさいますか。

라이스토 빵, 도치라니 나사이마스까?

빈 접시를 치워 주세요.

空いたお皿をさげて下さい。

아이타 오사라오 사게테 쿠다사이.

그릇은 치워도 될까요?

お皿をおさげしてもよろしいですか。

오사라오 오사게 시테모 요로시-데스까?

네. 가져 가세요.

はい。さげて下さい。

하이. 사게테 쿠다사이.

테이블을 닦아 주시겠어요?

テーブルを拭いて頂けますか。

테-부루오 후이떼 이타다케마스까?

포크와 나이프를 주세요.

フォークとナイフを下さい。

훠-크토 나이후오 쿠다사이.

젓가락(숟가락/포크)이 떨어졌어요.

はし（スプーン/フォーク）が落ちました。

하시(스푼/훠-크)가 오치마시따.

밥에 뭔가 들어 있어요.

ご飯に何か入っています。

고항니 나니카 하잇떼이마스.

컵을 바꿔 주세요.

コップを変えて下さい。

콥뿌오 카에떼 쿠다사이.

음료를 엎질렀습니다.

飲み物をこぼしてしまいました。

노미모노오 코보시테시마이마시따.

얼음 좀 주세요.

氷下さい。

코-리 쿠다사이.

다다미 방은 비어 있어요?

座敷は空いていますか。

자시키와 아이테이마스까?

카운터라도 괜찮습니까?

カウンターで宜しいですか。

카운타-데 요로시-데스까?

남은 음식을 포장해 주시겠어요?

残りは包んで頂けますか。

노코리와 츠츤데 이타다케마스까?

㉟ 패스트푸드점

주문하시겠어요?

ご注文どうぞ。

고츄-몽 도-조.

치즈버거 2개 주세요.

チーズバーガー二つ下さい。

치-즈바-가- 후타츠 쿠다사이.

음료는 무엇으로 하시겠습니까?

お飲み物は何になさいますか。

오노미모노와 나니니 나사이마스까?

콜라로 주세요.

コーラを下さい。

코-라오 쿠다사이.

스프라이트(사이다)를 주세요.

スプライトを下さい。

스프라이토오 쿠다사이.

치킨버거 세트 하나 주세요.

チキンバーガーセットを一つ下さい。

치킨바-가-셋또오 히토츠 쿠다사이.

여기에서 드실 건가요? 아니면 가져가실 건가요?

こちらでお召し上がりですか。お持ち帰りですか。

고치라데 오메시아가리데스까? 오모치카에리데스까?

가져갈 거예요.

持ち帰りです。

모치카에리데스.

먹고 갈게요.

食べて行きます。

다베테 이키마스.

콜라는 리필 되나요?

コーラのおかわりは出来ますか。

코-라노 오카와리와 데키마스까?

 **술집**

MP3. 36

생맥주 있어요?

生ありますか。

나마 아리마스까?

생맥주 3잔 주세요.

生3杯下さい。

나마 삼바이 쿠다사이.

우선 맥주 3병 주세요.

とりあえずビール3本下さい。

토리아에즈 비-루 삼봉 쿠다사이.

어디 것으로 드릴까요? (맥주 브랜드 묻는 말)

どちらのを差し上げましょうか。

도치라노오 사시아게마쇼-까?

에비수(아사히) 주세요.

エビス(アサヒ)を下さい。

에비스(아사히)오 쿠다사이.

136

안주는 무엇으로 하시겠어요?

おつまみは何になさいますか。

오츠마미와 나니니 나사이마스까?

닭튀김과 모듬꼬치 주세요.

から揚げと串の盛り合わせ下さい。

카라아게토 쿠시노 모리아와세 쿠다사이.

또 필요한 거 있으세요?

他に必要なものはございますか。

호카니 히쯔요-나 모노와 고자이마스까?

맥주 한 병 더 주세요.

ビールをもう一本下さい。

비-루오 모-입뽕 쿠다사이.

따뜻한 정종 주세요.

あつかん下さい。

아츠칸 쿠다사이.

137

지역별 대표 음식

1. 도쿄(東京)

もんじゃ焼き
몬자야끼

부침개

すし
스시

초밥

そば
소바

메밀국수

2. 오사카(大阪)

お好み焼き
오코노미야끼

부침개

たこ焼き
타코야끼

다코야키

牛カツ
규카츠

비프커틀릿

3. 교토(京都)
4. 나고야(名古屋)

湯豆腐
유도우후

물두부

鰊蕎麦
니신 소바

청어 소바

ひつまぶし
히츠마부시

장어덮밥

5. 후쿠오카(福岡)

明太子
멘타이코
명란젓

博多ラーメン
하카타 라멘
돼지사골 육수 라면

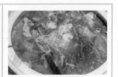
もつなべ
모츠나베
곱창 전골

6. 나가사키(長崎)

皿うどん
사라 우동
접시 우동

長崎ちゃんぽん
나가사키 짬뽕
흰 국물 짬뽕

カステラ
카스테라
카스텔라

7. 홋카이도(北海道)

いかめし
이카메시
오징어밥

海鮮丼
카이센동
해산물덮밥

石狩鍋
이시카리 나베
연어 전골

초밥 메뉴

성게알 **うに** 우니	연어알 **いくら** 이쿠라	연어 **サーモン** 사—몬
참치 **まぐろ** 마구로	참치뱃살 **とろ** 토로	전어 **あじ** 아지
광어 지느러미 **えんがわ** 엔가와	도미 **たい** 타이	잿방어 **かんぱち** 강파치
참치말이 **鉄火巻き** 덱까마키	오이말이 **かっぱ巻き** 갑빠마키	낫또말이 **納豆巻き** 낫또마키

새우	단새우	새우 & 마요네즈
えび 에비	**甘エビ** 아마에비	**えびマヨ** 에비마요
붕장어	고등어	문어
あなご 아나고	**さば** 사바	**たこ** 타코
오징어	관자	조개
いか 이카	**ほたて** 호타테	**貝** 가이
소갈비	달걀	유부초밥
牛カルビ 규ー카루비	**たまご** 타마고	**いなり** 이나리

Course 07
관광

	이(가) 어디예요?
	はどこですか。
	와 도코데스까?

관광안내소	매표소	매점
観光案内所	**チケット売り場**	**売店**
캉코-안나이죠	치켓또우리바	바이텐
화장실	입구	출구
トイレ	**入口**	**出口**
토이레	이리구치	데구치
보관함	공연장	집결 장소
コインロッカー	**公演場**	**集合場所**
코인록까-	코-엔죠-	슈-고-바쇼

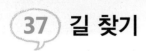

37 길 찾기

MP3. 37

저기요. 말씀 좀 묻겠습니다.

すみません。ちょっとお伺い致します。

스미마셍. 촛또 오우카가이 이타시마스.

신주쿠까지 가고 싶은데요.

新宿まで行きたいのですが。

신주쿠마데 이키타이노데스가.

여기에 가고 싶어요. (지도를 보여 주면서)

ここに行きたいです。

고코니 이키타이데스.

어떻게 가면 돼요? (가는 방법을 가르쳐 주세요.)

行き方を教えて下さい。

이키카타오 오시에테 쿠다사이.

여기에서 먼가요?

ここから遠いですか。

고코카라 토-이데스까?

144

\# 현재 위치가 어떻게 되는지 가르쳐 주시겠어요?

現在地がどこなのか教えて頂けますか。

겐자이치가 도코나노카 오시에떼 이따다케마스까?

\# 시부야까지 가는 지도를 그려 주시겠어요?

渋谷までの地図を描いてくれますか。

시부야마데노 치즈오 카이테 쿠레마스까?

\# 시부야에 가려면 어떻게 하면 되나요?

渋谷へ行くにはどうしたらいいですか。

시부야에 이쿠니와 도-시타라 이-데스까?

\# 길을 잃었어요.

道に迷いました。

미치니 마요이마시타.

\# 이 주변에 관광지는 없어요?

この近くに観光地はありませんか。

고노 치카쿠니 캉코-치와 아리마셍까?

매표소

\# 입장료는 얼마예요?

入場料はいくらですか。

뉴-죠-료-와 이쿠라데스까?

\# 400엔입니다.

400円です。

욘햐쿠엔데스.

\# 어른 하나, 어린이 둘이요.

大人1枚と子供2枚です。

오토나 이치마이토 코도모 니마이데스.

\# 학생 할인 가능해요?

学生割引は出来ますか。

각세-와리비키와 데키마스까?

\# 국제학생증 보여 주세요.

国際学生証を見せて下さい。

곡사이각세-쇼-오 미세테 쿠다사이.

자유이용권이 얼마예요?

フリーパスはいくらですか。

후리-파스와 이쿠라데스까?

몇 시까지 하나요?

何時までですか。

난지마데데스까?

영업시간 끝났습니다.

営業時間終わりました。

에-교-지칸 오와리마시타.

야간영업 합니다.

夜間営業致します。

야칸 에-교- 이타시마스.

매주 월요일은 휴관입니다.

毎週月曜日が休館日です。

마이슈- 게츠요-비가 큐-캉비데스.

39 관람

입구(출구)는 어디예요?

入口(出口)はどこですか。

이리구치(데구치)와 도코데스까?

매표소는 어디에 있죠?

チケット売り場はどこですか。

치켓또 우리바와 도코데스까?

물품보관소는 어디에 있죠?

コインロッカーはどこにありますか。

코인록까-와 도코니 아리마스까?

매점이 있나요?

売店はありますか。

바이텡와 아리마스까?

자판기 있어요?

自動販売機はありますか。

지도-함바이키와 아리마스까?

돈을 내야 하나요?

どこでお金を払えばいいですか。

도코데 오카네오 하라에바 이-데스까?

무료(유료)입니다.

無料(有料)です。

무료-(유-료-)데스.

기념품은 어디에서 살 수 있나요?

記念品はどこで買えますか。

기넹힝와 도코데 카에마스까?

표를 환불할 수 있나요?

チケットの払い戻し出来ますか。

치켓또노 하라이모도시 데키마스까?

좀 지나갈게요.

すみません。通して下さい。

스미마셍. 토-시테 쿠다사이.

149

(40) 투어 가이드

한국어로 된 팸플릿 있어요?

韓国語のパンフレットありますか。

캉꼬꾸고노 팡후렛또 아리마스까?

저를 따라 오세요.

私について来て下さい。

와타시니 츠이테키테 쿠다사이.

사진을 찍어도 됩니까?

写真を撮ってもいいですか。

샤신오 톳떼모 이-데스까?

작품에 손대지 마세요.

作品には触れないで下さい。

사쿠힌니와 후레나이데 쿠다사이.

다시 한번 설명해 주세요.

もう一度説明して下さい。

모-이치도 세츠메-시테 쿠다사이.

휴대폰 전원은 꺼 주세요.

携帯電話の電源はお切り下さい。

케-타이뎅와노 뎅겡와 오키리 쿠다사이.

떠들지 마세요.

騒がないで下さい。

사와가나이데 쿠다사이.

뛰어다니지 마세요.

走り回らないで下さい。

하시리 마와라나이데 쿠다사이.

좀 쉽시다.

少し休みましょう。

스코시 야스미마쇼-.

10분, 쉽니다.

10分、休憩時間をとります。

쥬풍, 큐-케-지칸오 토리마스.

41 공연

오늘 공연 있나요?

今日は公演ありますか。

쿄-와 코-엥 아리마스까?

공연은 몇 시부터입니까?

公演は何時からですか。

코-엥와 난지카라데스까?

다음 공연은 몇 시죠?

次の公演は何時からですか。

츠기노 코-엥와 난지카라데스까?

가부키는 어디에서 볼 수 있어요?

歌舞伎はどこで見れますか。

가부키와 도코데 미레마스까?

가부키 예약은 어디서 하나요?

歌舞伎の予約はどこでしますか。

가부키노 요야쿠와 도코데 시마스까?

\# 가장 싼 좌석은 얼마예요?

一番安い席はいくらですか。

이치방 야스이 세키와 이쿠라데스까?

\# 맨 뒷자리에서도 잘 보입니까?

一番後ろの席でもよく見えますか。

이치방 우시로노 세키데모 요쿠 미에마스까?

\# 공연 시간이 몇 시간이에요?

公演時間は何時間ですか。

코-엔지캉와 난지칸데스까?

\# 팸플릿 한 장 주세요.

パンフレット一枚下さい。

팡후렛또 이치마이 쿠다사이.

\# 스모를 한번 보고 싶어요.

相撲を見てみたいです。

스모-오 미테 미타이데스.

153

여긴 촬영금지예요.

ここは撮影禁止です。

고코와 사츠에-킨시데스.

사진 좀 찍어 주시겠어요?

写真を撮って頂けますか。

샤신오 톳떼 이타다케마스까?

여기를 누르시면 됩니다.

ここを押せばいいです。

고코오 오세바 이-데스.

웃으세요, 치즈.

はい、チーズ。

하이, 치-즈.

죄송하지만, 한 장 더 찍어 주시겠어요?

すみません。もう一枚お願いします。

스미마셍. 모-이치마이 오네가이시마스.

가부키

- 에도시대(江戸時代)의 서민 오락으로 시작하여, 약 400년 간 전통을 이어오고 있습니다. 현대의 가부키는 대사와 음악이 있는 종합예술극입니다.

  가부키는 대중의 지지 아래 뿌리를 내린 연극이라 할 수 있습니다. 따라서 연기자는 대중들의 절대적인 인기를 얻고, 가업으로 이어갈 만큼 권위 있는 직업입니다.

스모

- 일본의 민속경기로, 규칙은 간단합니다. '도효(土俵)'라는 직경 4.55m의 둥근 씨름판 바깥으로 상대방을 밀어내면 됩니다. 스모는 단판 승부로, 시합이 하루에 한 번만 있기 때문에 잠깐의 승부로 경기는 끝납니다. 대신 경기 시작 전 여러 의식이 있는데 볼만합니다.

- **리키시(力士)** : 스모 선수, 씨름꾼

- **교지(行司)** : 스모 심판

- **도효(土俵)** : 스모를 하는 장소

- **도효이리(土俵入り)** : 선수들이 씨름판에 등장하는 의식. 경기에 앞서 대진 추첨, 경기 방식 설명, 선수 선서 등을 하는 행사

- **시코(四股)** : '네 개의 넓적다리'라는 뜻으로, 시합 전 선수들이 각자 자신의 양다리를 서로 번갈아 들어 올렸다가 힘껏 내려디디는 등의 독특한 동작을 취하는 행동. 준비 운동이자, 상대에게 자신의 힘 과시, 상대 능력 탐색, 관중에게 볼거리를 제공하여 흥을 돋우기 위한 행위

지역별 대표 관광지

1. 도쿄(東京)

お台場	**東京タワー**	**皇居**
오다이바	토오쿄오타와아	코오쿄
오다이바	도쿄 타워	고쿄(황거)

2. 오사카(大阪)

大阪城	**道頓堀**	**ヘップファイブ**
오오사카조오	도오톤보리	헷푸화이부
오사카성	도톤보리	헵파이브

3. 교토(京都)

清水寺	**金閣寺**	**平安神宮**
시미즈테라	킨카쿠지	헤에안진구우
기요미즈데라(청수사)	긴카쿠지(금각사)	헤이안진구(평안신궁)

4. 고베(神戸)　　5. 나라(奈良)

姫路城	**法隆寺**	**東大寺**
히메지조오	호오류우지	토오다이지
히메지성	호류지	도다이사 (화엄종이 있는 절)

6. 후쿠오카(福岡)　　7. 나가사키(長崎)

大宰府	**福岡タワー**	**ハウステンボス**
다자이후	후쿠오카타와아	하우스텐보스
다자이후	후쿠오카 타워	하우스텐보스(테마파크)

8. 홋카이도(北海道)

時計台	**小樽**	**富良野**
토케에다이	오타루	후라노
시계탑	오타루	후라노

157

Course 08

쇼핑

	을(를) 사고 싶습니다. **が買いたいです。** 가 가이타이데스.

옷	구두	술
服 후쿠	**靴** 쿠츠	**お酒** 오사케

게임용품	[여행] 선물	화장품
ゲーム用品 게-무요-힝	**お土産** 오미야게	**化粧品** 케쇼-힝

식품	안경	잡화
食品 쇼쿠힝	**眼鏡** 메가네	**雑貨** 작까

159

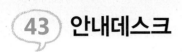

식품 매장은 몇 층이죠?

食品売り場は何階ですか。

쇼쿠힝우리바와 난가이데스까?

가전제품 매장은 몇 층이죠?

家電売り場は何階にありますか。

카뎅우리바와 난가이니 아리마스까?

7층에 있습니다.

7階にあります。

나나카이니 아리마스.

엘리베이터는 어디에 있죠?

エレベーターはどこにありますか。

에레베-타-와 도코니 아리마스까?

유모차 빌릴 수 있어요?

ベビーカーのレンタルはできますか。

베비-카-노 렌타루와 데키마스까?

짐을 맡길 수 있나요?

荷物を預ける事は可能ですか。

니모츠오 아즈케루코토와 카노-데스까?

물품보관함은 어디에 있어요?

コインロッカーはどこにありますか。

코인록까-와 도코니 아리마스까?

포인트카드는 어디서 만들 수 있어요?

ポイントカードはどこで作れますか。

포인토카-도와 도코데 츠쿠레마스까?

주차장 도장은 어디서 받나요?

駐車場のスタンプはどこでもらえますか。

츄-샤죠-노 스탄뿌와 도코데 모라에마스까?

상품권은 여기에서 구입할 수 있나요?

商品券はここで買えますか。

쇼-힝켕와 고코데 카에마스까?

찾으시는 거 있으세요?

お探しのものございますか。

오사가시노 모노 고자이마스까?

그냥 보는 거예요.

ただ見ているだけです。

타다 미테이루다케데스.

그것 좀 보여 주시겠어요?

あれちょっと見せて頂けますか。

아레 춋또 미세테 이타다케마스까?

이건 신상품이에요.

これは新商品です。

고레와 신쇼-힝데스.

입어 봐도 될까요?

着てみてもいいですか。

키테미테모 이-데스까?

어떤 사이즈신가요?

何サイズですか。

나니 사이즈데스까?

S(M/L)요.

エス（エム/エル）です。

에스(에무/에루)데스.

탈의실이 어디죠?

試着室はどこですか。

시차쿠시츠와 도코데스까?

어떠세요?

いかがですか。

이카가데스까?

딱 좋네요.

ちょうどいいですね。

쵸-도 이-데스네.

조금 크네요.

少し大きいですね。

스코시 오-키-데스네.

좀 작은 것 같아요.

少し小さいような気がします。

스코시 치-사이요-나 키가 시마스.

조금 작은 것으로 주세요.

もう少し小さいのを下さい。

모-스코시 치-사이노오 쿠다사이.

또 어떤 색이 있나요?

他にはどんな色がありますか。

호카니와 돈나 이로가 아리마스까?

흰색, 빨간색, 노란색이 있습니다.

白、赤、黄色があります。

시로, 아카, 키-로가 아리마스.

지금은 세일기간입니다.

ただ今セール期間中です。

타다이마 세-루키캉츄-데스.

20% 할인(OFF)입니다.

20%オフです。

니줍빠-센토 오후데스.

길이가 좀 짧네요.

丈が少し短いです。

다케가 스코시 미지카이데스.

수선해 주세요.

お直ししてください。

오나오시시테 쿠다사이.

새 것으로 주세요.

新しいので下さい。

아타라시-노데 쿠다사이.

45 신발

어떤 것을 찾으세요?

どんなものをお探しですか。

돈나 모노오 오사가시데스까?

신발(운동화)을 사려고 하는데요.

靴を買おうと思っているんですが。

쿠쯔오 가오-토 오못떼이룬데스가.

밝은색 샌들을 찾고 있습니다.

明るい色のミュールを探しています。

아카루이 이로노 뮤-루오 사가시테 이마스.

이건 어떠세요?

これはいかがですか。

고레와 이카가데스까?

한번 신어 봐도 될까요?

履いてみてもいいですか。

하이테미테모 이-데스까?

사이즈는요?

サイズは?

사이즈와?

---

24 주세요.

24下さい。

니쥬-용쿠다사이.

좀 큰 것 같아요.

少し大きいようです。

스코시 오-키-요-데스.

좀 끼네요.

少しきついです。

스코시 키츠이데스.

❗ 일본 발사이즈 표기법

한국	225	230	235	240	245	250
일본	22.5	23	23.5	24	24.5	25
한국	255	260	265	270	275	280
일본	25.5	26	26.5	27	27.5	28

딱 맞네요.

丁度いいです。

쵸-도 이-데스.

옆부분이 좀 아파요.

横が少しはります。

요코가 스코시 하리마스.

굽이 좀 높네요.

ヒールが高すぎます。

히-루가 타카스기마스.

좀 더 굽이 낮은 거 없나요?

もう少しヒールが低いものはありませんか。

모-스코시 히-루가 히쿠이 모노와 아리마셍까?

거울 있어요?

鏡ありますか。

카가미 아리마스까?

요즘 유행하는 디자인은 뭔가요?

最近の流行は何ですか。

사이킨노 류-코-와 난데스까?

다른 색도 있나요?

他の色もありますか。

호카노 이로모 아리마스까?

다른 것으로 보여 주세요.

別の物を見せて下さい。

베쯔노 모노오 미세떼 쿠다사이.

포장해 주세요.

包装して下さい。

호-소-시테 쿠다사이.

신고 갈게요.

はいて行きます。

하이테 이키마스.

로션을 사려고 하는데요.

乳液を買おうと思ってるんですが。

뉴-에키오 카오-토 오못떼룬데스가.

어떤 피부 타입이시죠?

お肌のタイプは?

오하다노 타이프와?

지성 피부예요.

オイリーはだです。

오이리-하다데스.

건성 피부예요.

乾燥肌です。

칸소-하다데스.

이 화장품은 복합성 피부에 잘 맞습니다.

この化粧品は中性のお肌の方に合います。

고노 케쇼-힝와 츄-세-노 오하다노 카타니 아이마스.

견본은 없나요?

見本はありませんか。

미혼와 아리마셍까?

이건 샘플(증정품)이에요.

これはお試し用のサンプルです。

고레와 오타메시요-노 산푸루데스.

샘플을 드릴 테니 한번 써 보세요.

サンプルを差し上げますので、一度お試し下さい。

산푸루오 사시아게마스노데, 이치도 오타메시 쿠다사이.

노화방지 크림은 있어요?

アンチエイジングのクリームはありますか。

안치에이징구노 크리-무와 아리마스까?

미백 팩은 있어요?

ホワイトニングパックはありますか。

호와이토닝구 팍꾸와 아리마스까?

 **주류**

정종(사케)을 사고 싶은데요.

日本酒を買いたいのですが。

니홍슈오 카이타이노 데스가.

이 술은 몇 도예요?

このお酒は何度ですか。

고노 오사케와 난도 데스까?

먹어 볼 수 있어요?

試飲出来ますか。

시인데키마스까?

포장해 주시겠어요?

包装して頂けますか。

호-소-시테 이타다케마스까?

박스에 넣어 드릴까요?

箱にお入れ致しましょうか。

하코니 오이레 이타시마쇼-까?

\# 박스에 넣어 주세요.

箱に入れて下さい。

하코니 이레떼 쿠다사이.

\# 박스 값을 내셔야 하는데, 괜찮으세요?

箱代をお取りしますが、大丈夫ですか。

하코다이오 오토리 시마스가, 다이죠-부데스까?

\# 특별 한정판 술은 어떤 건가요?

プレミアがついているお酒はどれですか。

프레미아가 츠이테이루 오사케와 도레데스까?

\# 아마쿠치(카라쿠치)로 주세요.

甘口(辛口)でお願いします。

아마쿠치(카라쿠치)데 오네가이시마스.

⚠ 사케의 당도 표시

사케는 '아마카라도(甘辛度)'라고 술의 당도를 +와 -로
구분합니다. (사케라벨에 표기) 당도가 높은 것(+)을
아마쿠치(甘口), 낮은 것(-)을 카라쿠치(辛口)라고 합니다.

여기 특산품을 파는 데가 어디 있어요?

**ここの特産品を売っている所はどこにあ
りますか。**

고코노 토쿠상힝오 웃떼이루 도코로와 도코니 아리마스까?

유효기간은 언제까지예요?

賞味期限はいつまでですか。

쇼-미키겡와 이츠마데 데스까?

해외로 갖고 갈 수 있어요?

海外に持って行けますか。

카이가이니 못떼 이케마스까?

먹어 볼 수 있어요?

試食出来ますか。

시쇼쿠 데키마스까?

이건 어떻게 먹는 거죠?

これはどうやって食べますか。

고레와 도-얏떼 타베마스까?

49 편의점

도시락 좀 데워 주세요.

お弁当温めて下さい。

오벤토- 아타타메테 쿠다사이.

젓가락도 넣어 주세요.

お箸も入れて下さい。

오하시모 이레테 쿠다사이.

숟가락(빨대/포크)을 주세요.

スプーン(ストロー/フォーク)を下さい。

스푼(스토로/훠-크)오 쿠다사이.

계산이 틀린 것 같은데요.

計算が間違っているようですが。

케-상가 마치갓떼 이루요-데스가.

이거 할인 상품 아닌가요?

これ割引商品ではありませんか。

고레 와리비키쇼-힝데와 아리마셍까?

175

50 결제

MP3. 50

얼마예요?

おいくらですか。

오이쿠라데스까?

좀 비싸네요.

少し高いですね。

스코시 타카이데스네.

좀 싸게 해 주세요.

少し安くして下さい。

스코시 야스쿠시테 쿠다사이.

할인되나요?

割引出来ますか。

와리비키 데키마스까?

이 쿠폰 쓸 수 있나요?

このクーポン使えますか。

고노 쿠-폰 츠카에마스까?

Coupon

카드로 계산할게요.

カードで計算します。

카-도데 케-산시마스.

몇 개월로 해 드릴까요?

お支払いは何ヶ月になさいますか。

오시하라이와 난카게츠니 나사이마스까?

3개월로 해 주세요.

3ヶ月の分割でお願いします。

산카게츠노 분카츠데 오네가이시마스.

일시불로 해 주세요.

一括でお願いします。

익까츠데 오네가이시마스.

영수증 주세요.

領收書下さい。

료-슈-쇼 쿠다사이.

선물할 거니까 포장해 주세요.

プレゼントなのでラッピングお願いします。

프레젠토나노데 랍삥구 오네가이시마스.

따로따로 포장해 주세요.

別々に包装して下さい。

베츠베츠니 호―소―시테 쿠다사이.

가격표는 떼 주세요.

値札は外して下さい。

네후다와 하즈시테 쿠다사이.

하나로 해 주세요.

一つにまとめて下さい。

히토츠니 마토메테 쿠다사이.

봉투를 하나 더 주세요.

袋をもう一つ下さい。

후쿠로오 모―히토츠 쿠다사이.

(52) 교환 & 반품

이거 새 것과 교환할 수 있을까요?

これ新しい物と交換出来ますか。

고레 아타라시-모노또 코-칸데키마스까?

이거 반품해 주세요.

これ返品して下さい。

고레 헹핑시테 쿠다사이.

무슨 문제가 있나요?

何か問題がありますか。

나니카 몬다이가 아리마스까?

영수증 있으세요?

レシートはお持ちですか。

레시-토와 오모치데스까?

교환, 반품하실 때는 영수증을 갖고 오세요.

交換、返品の際は、レシートをお持ち下さい。

코-캉, 헹핑노 사이와, 레시-토오 오모치 쿠다사이.

쇼핑 리스트

1. 드러그스토어(ドラッグストア)

- **파스(パス)** : 일명 동전파스라는 로이히츠보코,
  일본의 국민 파스라 불리는 샤론파스,
  다리의 피로를 풀어주는 휴족시간(休足時間) 등

- **해열시트(解熱シート)** : 네츠사마 제품이 유명,
  성인·유아용으로 구분

- **곤약젤리(こんにゃくゼリー)** : 복숭아, 사과, 포도 등
  다양한 맛이 있음

- **뷰티 제품** : 센카 퍼펙트휩(폼클렌징), 시루콧토(화장솜),
  시세이도 뷰러 등

> **Tip.** 가장 유명한 돈키호테(ドン·キホーテ) 매장은
> 5,000엔 이상 구매 시 바로 매장 계산대에서 8% 면세
> 환급받을 수 있습니다.

2. **편의점**(コンビニエンスストア)

- **음식** : 삼각김밥(おにきり), 도시락(弁当), 컵라면(カップ麺), 샌드위치(サンドイッチ) 등

- **디저트** : 모찌롤(もちロール), 푸딩(プディング), 슈크림(シュークリーム) 등

- **주류** : 호로요이(ほろよい, 가벼운 탄산주), 하이볼(ハイボール, 일본식 위스키), 맥주(ビール) 등

3. **면세점**(免税点)

- **초콜릿**(チョコレート) : 로이스 초콜릿

- **사케**(さけ) : 구보타(久保田)

- **지역 특산물**

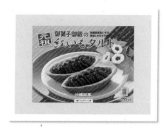

Course 09

응급 상황

감기에 걸리다	배탈 나다	열이 나다
風邪をひく	お腹をこわす	熱がある
카제오 히쿠	오나카오 코와스	네츠가 아루

다치다	체하다	어지럽다
怪我をする	胃もたれ	目まいがする
케가오 스루	이모타레	메마이가 스루

아프다	쑤시다	속이 메스껍다
痛い	ずきずきする	吐き気がする
이타이	즈키즈키 스루	하키케가 스루

이가 아프다	눈이 아프다	목이 아프다
歯が痛い	目が痛い	喉が痛い
하가 이타이	메가 이타이	노도가 이타이

좀 도와주시겠어요?

ちょっと手伝って頂けますか。

촛또 테츠닷떼 이타다케마스까?

가방을 도난당했어요.

かばんを取られました。

가방오 토라레마시타.

지갑을 잃어버렸어요.

財布を無くしました。

사이후오 나쿠시마시타.

여권을 잃어버렸어요.

パスポートを無くしてしまいました。

파스포-토오 나쿠시떼 시마이마시타.

길을 잃었어요.

道に迷いました。

미치니 마요이마시타.

\# 아이가 없어졌어요.

子供がいなくなりました。

코도모가 이나쿠나리마시타.

\# 이상한 사람이 뒤를 따라와요.

変な人がついて来ます。

헨나 히토가 츠이테 키마스.

\# 한국대사관(영사관)에 연락해 주세요.

韓国大使館(領事館)に連絡してください。

캉꼬꾸타이시칸(료-지칸)니 렌라쿠시떼쿠다사이.

\# 유실물 신고서가 필요합니다.

遺失物申告書が必要です。

이시츠부쯔 싱꼬쿠쇼가 히쯔요-데스.

\# 지문을 채취합시다.

指紋を取りましょう。

시몽오 토리마쇼-.

 **병원**

어떻게 오셨어요?

どうなさいましたか。

도-나사이마시타까?

다리를 다쳤어요.

足を怪我しました。

아시오 케가시마시따.

계단에서 떨어졌어요.

階段から落ちました。

카이단카라 오치마시따.

감기 기운이 있는 것 같아요.

風邪気味です。

카제기미데스.

배탈이 난 것 같아요.

お腹をこわしたようです。

오나카오 코와시타요-데스.

\# 의료보험이 없어요.

医療保険がありません。

이료–호켕가 아리마셍.

\# 진단서를 끊어 주세요.

診断書をお願いします。

신단쇼오 오네가이시마스.

\# 처방전 주시겠어요?

処方箋を頂けますか。

쇼호–셍오 이타다케마스까?

\# 약은 어디서 받아요?

薬はどこでもらえますか。

쿠스리와 도코데 모라에마스까?

\# 링거를 맞습니다.

点滴を打ちます。

텡테키오 우치마스.

병원 필수 단어

癌	강	암
胃炎	이엔	위염
胃潰瘍	이카이요-	위궤양
脳卒中	노-솟츄-	뇌졸중
糖尿病	도-뇨-뵤-	당뇨병
高血圧	고-케츠아츠	고혈압
盲腸	모-쵸-	맹장염
食中毒	쇼쿠츄-도쿠	식중독
インフルエンザ	인후루엔자	독감
性病	세-뵤-	성병
エイズ	에-즈	에이즈
生活習慣病	세-카츠 슈-칸뵤-	성인병
精神病	세-신뵤-	정신병
肺炎	하이엔	폐렴
水虫	미즈무시	무좀
ものもらい	모노모라이	다래끼
痔	지	치질
冷え性	히에쇼-	냉증
生理痛	세-리츠-	생리통
下痢	게리	설사

外科	게카	외과
内科	나이까	내과
産婦人科	산후진까	산부인과
耳鼻咽喉科	지비인코-까	이비인후과
形成外科	케-세-게카	성형외과
整形外科	세-케게까	정형외과
歯科	시까	치과
皮膚科	히후까	피부과
小児科	쇼-니까	소아과
眼科	강까	안과
精神科	세-신까	정신과
入院	뉴-인	입원
退院	타이인	퇴원
手術	슈즈츠	수술
レントゲン	렌토겡	엑스레이
治療	치료-	치료
予約	요야쿠	예약
お見舞い	오미마이	문병
通院	츠-인	통원
保護者	호고샤	보호자

Course 10

귀국 & 면세점

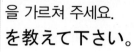

을 가르쳐 주세요.
を教えて下さい。
오 오시에떼 쿠다사이.

현금인출기 사용법	현금 인출 방법	계좌개설 방법
ATMの使用方法	**引出方法**	**口座開設方法**
에-티-에무노 시요- 호-호-	히키다시 호-호-	코-자 카이세츠 호-호-
송금 방법	입금 방법	카드 만드는 방법
送金方法	**入金方法**	**カードの作り方**
소-킹 호-호-	뉴-킹 호-호-	카-도노 쯔쿠리카타
보험 가입 방법	대여 방법	(국제)택배 보내는 방법
保険加入方法	**レンタル (貸し出し)の方法**	**(国際)宅配便の 発送方法**
호켕 카뉴- 호-호-	렌타루(카시다시)노 호-호-	(곡사이)타쿠하이빈노 핫소-호-호

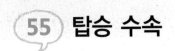

55 탑승 수속

대한항공 카운터는 어디에 있나요?

大韓航空のカウンターはどこにありますか。

다이캉코-쿠-노 카운타-와 도코니 아리마스까?

탑승 수속을 하려고 합니다.

搭乗手続きをしようと思います。

토-죠-테츠즈키오 시요-토 오모이마스.

아직 시작하지 않았네요.

まだ開始しておりません。

마다 카이시시테 오리마셍.

탑승 수속은 언제 시작하죠?

搭乗手続きはいつ始まりますか。

토-죠-테츠즈키와 이츠 하지마리마스까?

30분 후에 시작합니다.

30分後に開始いたします。

산줍뿐고니 카이시이타시마스.

192

\# 여권과 비행기표를 주세요.

パスポートとチケットをお願いします。

파스포-토토 치켓또오 오네가이시마스.

\# 창가 쪽 자리로 주세요.

窓側の席でお願いします。

마도가와노 세키데 오네가이시마스.

\# 통로 쪽 자리로 주세요.

通路側の席でお願いします。

츠-로가와노 세키데 오네가이시마스.

\# 부치실 짐은 모두 몇 개시죠?

お預けになるお荷物はおいくつですか。

오아즈케니 나루 오니모츠와 오이쿠츠데스까?

\# 여기에 짐을 올려 주세요.

こちらにお荷物をお載せ下さい。

고치라니 오니모츠오 오노세 쿠다사이.

짐이 무게를 초과했네요.

お荷物の重量がオーバーされました。

오니모츠노 쥬−료−가 오−바−사레마시따.

수화물 추가(오버차지) 요금을 내셔야 합니다.

オーバーチャージ料金が発生します。

오−바−챠−지 료−킹가 핫세−시마스.

이 짐은 가지고 타겠습니다.

この荷物は機内に持ち込みます。

고노 니모츠와 키나이니 모치코미마스.

깨지기 쉬운 물건이 들어 있습니다.

割れ物が入っています。

와레모노가 하잇떼 이마스.

취급주의 태그를 붙여 주세요.

取り扱い注意の札をつけて下さい。

토리아츠카이 츄−이노 후다오 츠케떼 쿠다사이.

\# 액체류는 가지고 탈 수 없습니다.

液体類は機内持ち込み禁止です。

에키타이루이와 키나이 모치코미 킨시데스.

\# 11시부터 탑승하시면 됩니다.

11時から搭乗開始です。

쥬ー이치지카라 토ー죠ー 카이시데스.

\# 몇 번 게이트죠?

何番ゲートですか。

난반 게ー토데스까?

\# 주머니에 들어 있는 것을 모두 꺼내 주세요.

ポケットの中の物を全てお出し下さい。

포켓또노 나카노 모노오 스베테 오다시 쿠다사이.

\# 수화물 검사를 좀 하겠습니다.

手荷物の検査をさせて頂きます。

테니모츠노 켄사오 사세테 이타다키마스.

56 면세점

면세점은 어디에 있나요?

免税店はどこにありますか。

멘제-텡와 도코니 아리마스까?

탑승권을 보여 주시겠어요?

チケットを拝見できますか。

치켓또오 하이켕 데키마스까?

지불은 어떻게 하실 거예요?

お支払いはどのようになさいますか。

오시하라이와 도노요-니 나사이마스까?

원화(엔화)로 부탁합니다.

ウォン（円）でお願いします。

원(엔)데 오네가이시마스.

엔화로 계산하면 얼마예요?

円で払うといくらになりますか。

엔데 하라우토 이쿠라니 나리마스까?

카드로 지불해도 됩니까?

カードで支払いできますか。

카ー도데 시하라이 데키마스까?

체크카드는 기내에서 사용하실 수 없습니다.

チェックカードは機内ではご使用になれません。

체크카ー도와 키나이데와 고시요ー니 나레마셍.

할부하시겠습니까?

分割はどのようになさいますか。

분카츠와 도노요ー니 나사이마스까?

일시불로 해 주세요.

一括でお願いします。

익까츠데 오네가이시마스.

6개월로 해 주세요.

6ヶ月の分割でお願いします。

록까게츠노 붕카츠데 오네가이시마스.

한국 세관신고서 작성법

일반 여행자로, 면세 한도나 검역 대상 물건을 구입하지 않은 경우 앞장만 작성하면 됩니다.

대한민국 세관 신고서

- 모든 입국자는 관세법에 따라 신고서를 작성·제출하여야 하며, 세관공무원이 지정하는 경우에는 휴대품 검사를 받아야 합니다.
- 가족여행인 경우에는 1명이 대표로 신고할 수 있습니다.
- 신고서 작성 전에 반드시 뒷면의 유의사항을 읽어보시기 바랍니다.

성 명	김희나		
생년월일	19921007	여권번호	
직 업	대학생	여행기간	7 일
여행목적	☑ 여행 ☐ 사업 ☐ 친지방문 ☐ 공무 ☐ 기타		
항공편명	7C1104	동반가족수	0 명

한국에 입국하기 전에 방문했던 국가 (총 1 개국)
1. 일본　　2.　　3.

주소 (체류장소) 도쿄 신주쿠 ibis호텔

전화번호 (휴대폰) ☎ 010-000-0000)

세 관 신 고 사 항

- 아래 질문의 해당 ☐에 "✔"표시 하시고, 신고할 물품은 '신고물품 기재란(뒷면 하단)'에 기재하여 주시기 바랍니다.

	있음	없음
1. 해외(국내외 면세점 포함)에서 취득(구입, 기증, 선물 포함)한 면세범위 초과 물품 (뒷면 1 참조)	☐	☑
2. FTA 협정국가의 원산지 물품으로 특혜관세를 적용받고자 하는 물품	☐	☑
3. 미화로 환산하여 1만불을 초과하는 지급수단 (원화·달러화 등 법정통화, 자기앞수표, 여행자수표, 기타 유가증권) [총금액 : 약　　　]	☐	☑
4. 총포류, 도검류, 마약류, 국헌·공안·풍속 저해물품 등 우리나라에 반입이 금지되거나 제한되는 물품(뒷면 2 참조)	☐	☑
5. 동물, 식물, 육가공품 등 검역대상물품 또는 가축전염병발생국 축산농가 방문 ※ 축산농가 방문자 검역검사본부에 신고	☐	☑
6. 판매용 물품, 회사용 물품(샘플 등), 다른 사람의 부탁으로 대리반입한 물품, 예치 또는 일시 수출입물품	☐	☑

본인은 이 신고서를 사실대로 성실하게 작성하였습니다.
2019년 1월 1일
신고인 : 김희나　　　KIM (서명)

85mm×210mm (일반용지 120g/㎡)

Tip. 신고 품목이 있을 때는 〈세관신고서〉의 세관신고사항 1번에 '있음'을 체크한 후, 수화물을 찾고 나갈 때 세관원에게 신고하면 됩니다. 그리고 세관원의 안내에 따라 계산된 세금을 지불하고, 입국장을 나오면 됩니다.

여행자 면세 & 신고

- **일반 물품** : US$600 초과 금액 제품은 세관 신고 대상

*Tip. 금액을 초과한
물품을 구매한 경우,
귀국 시 자진 신고를
하면 세금을 감면해
줍니다. 고가의 물건을
살 때는 세금을 꼭
확인하세요!*

- **생과일, 육가공품**

(육포, 소시지, 햄, 치즈),

견과류, 채소류:
검역대상물품으로
입국 시 별도로 신고

- **주류** : 1병(1리터 이하,
US$ 400 이하)까지 면세

- **담배** : 200개비까지
면세

1. 휴대품 면세범위

▶ 주류 · 향수 · 담배

구 분	주류		향 수	담 배
일 반 여행자	1병 (1ℓ이하로서 US$400이하)		60㎖	200개비
승무원	–		–	200개비

* 만19세 미만자는 주류 및 담배 면세 없음

▶ 기타 물품

일 반 여행자	US$600이하 (자가사용, 선물용, 신변용품 등에 한함) * 단, 농림축산물, 한약재 등은 10만원 이하이며, 품목별 수량 또는 중량에 제한이 있음
승무원	US$100이하(품목당 1개 또는 1셋트에 한함)

2. 반입이 금지되거나 제한되는 물품

- 총포(모의총포) · 도검 등 무기류, 실탄 및 화약류, 방사성물질, 감청설비 등
- 메스암페타민 · 아편 · 헤로인 · 대마 등 마약류 및 오 · 남용 의약품
- 국헌 · 공안 · 풍속을 저해하거나 정부의 기밀누설이나 첩보에 사용되는 물품
- 위조(가짜)상품 등 지식재산권 침해물품, 위조지폐 및 위 · 변조된 유가증권
- 웅담, 사향, 녹용, 악어 가죽 등 멸종위기에 처한 야생동식물 및 관련 제품

3. 검역대상물품

- 살아있는 동물(애완견 등) 및 수산동물(물고기 등), 고기, 육포, 소세지, 햄, 치즈 등 육가공품
- 흙, 망고, 호두, 장뇌삼, 송이, 오렌지, 체리 등 생과일, 견과류 및 채소류

[신고물품 기재란]

▶ 주류 · 향수 · 담배 (면세범위 초과되는 경우 전체 반입량 기재)

주 류	( )병, 총( )ℓ , 금액 ( )US$		
담 배	( )갑(20개비 기준)	향 수	( )㎖

▶ 기타 물품

품 명	수(중)량	가격 (US$)

※ 유의사항

- 성명은 여권의 한글 또는 영문명으로 기재 바랍니다.
- 신고대상물품을 신고하지 않거나 허위신고 또는 대리반입할 경우 관세법에 따라 5년 이하의 징역 또는 유치, 가산세 부과(납부세액의 40%), 통고처분 및 해당물품 몰수 등 불이익을 받게 됩니다.
- FTA협정등에 따라 일정요건을 갖춘 물품은 특혜 관세를 적용 받을 수 있으며, 다만 事後에 특혜관세를 신청하고자 하는 경우에는 **일반 수입신고**가 필요합니다.
- 기타 궁금한 사항은 세관공무원 또는 ☎ 1577-8577로 문의하시기 바랍니다.

199

9 입국신고서

10 입국 심사

11 짐 찾기 & 분실

12 세관

23 객실 서비스

24 조식

25 체크아웃

29 음식점 입구

30 테이블

31 주문

42 사진 찍기

43 안내데스크

44 옷

45 신발